Benedikt Lotz
Joschi Häußler

BLACKBOX
FINANZEN

Wie Sie Ihre inneren Hürden überwinden, finanziell umdenken und intelligent investieren

FBV

Bibliografische Information der Deutschen Nationalbibliothek:
Die Deutsche Nationalbibliothek verzeichnet diese Publikation in der Deutschen Nationalbibliografie; detaillierte bibliografische Daten sind im Internet über http://d-nb.de abrufbar.

Für Fragen und Anregungen:
info@finanzbuchverlag.de

Originalausgabe, 1. Auflage 2018

© 2018 by FinanzBuch Verlag,
ein Imprint der Münchner Verlagsgruppe GmbH
Nymphenburger Straße 86
D-80636 München
Tel.: 089 651285-0
Fax: 089 652096

Redaktion: Judith Engst
Korrektorat: Dunja Reulein
Umschlaggestaltung: Marc-Torben Fischer
Umschlagabbildung: shutterstock/Number1411
Satz: ZeroSoft, Timisoara
Druck: GGP Media GmbH, Pößneck
Printed in Germany

ISBN Print 978-3-95972-164-6
ISBN E-Book (PDF) 978-3-96092-302-2
ISBN E-Book (EPUB, Mobi) 978-3-96092-303-9

Weitere Informationen zum Verlag finden Sie unter:

www.finanzbuchverlag.de

Beachten Sie auch unsere weiteren Verlage unter www.m-vg.de

Inhalt

Vorwort

Wir Deutschen können stolz sein auf unsere Errungenschaften der letzten Jahre. Wir haben seit langer Zeit einen funktionierenden Sozialstaat, und niemand muss heute ohne Obdach und Lebensmittel auskommen. Deutschland ist eines der Länder mit dem höchsten Lebensstandard und dem größten Wohlstand auf der Welt.

Diesen privaten Wohlstand verspielen wir allerdings zunehmend im aktuellen Umfeld von Niedrigzinsen und anziehender Inflation. Unsere Ignoranz gegenüber den finanziellen Herausforderungen der kommenden Jahre leistet dieser Entwicklung weiteren Vorschub. Die entscheidenden Themen werden nur zaghaft ausgesprochen und, wenn überhaupt, allenfalls langsam angegangen. Wohlstand und der Lebensstandard vergangener Tage bleiben einem immer kleineren Teil der Menschen im Land vorbehalten.

Es wird höchste Zeit, sich mit dem Thema Geld zu beschäftigen. Die Menschen vertrauen unserem Sozialstaat nach wie vor. »Der Staat wird später schon für uns sorgen«, sagen sie. Es bleibt die Hoffnung, dass sich der Staat die hohen Sozialausgaben in den nächsten Jahren überhaupt noch leisten kann. Speziell beim Thema Rente ist das jedoch fraglich. Denn das klassische Umlageverfahren scheint angesichts des starken Ungleichgewichts zwischen Beitragszahlern und Rentnern als Lösung möglicherweise ungeeignet zu sein. Einen alternativen Lösungsweg für die Rentenproblematik der nächsten Jahre in Deutschland hat bis zum jetzigen Zeitpunkt niemand aufgezeigt.

Dazu kommt das niedrige Zinsniveau, welches das Sparen für spätere Tage immer unattraktiver macht. Statt sich den Veränderungen im finanziellen Umfeld anzupassen und sich nach alternativen Lösungen umzuschauen, verschließen sich die meisten Deutschen dem Thema Finanzen und räumen dem langfristigen Vermögensaufbau zur privaten Altersvorsorge nicht mehr die notwendige Priorität ein. Wird doch ein kleiner Anteil des Monatssalärs gespart, dann folgen wir Deutschen bei der praktischen Umsetzung des Sparens eher dem alten Spruch:»Was der Bauer nicht kennt, frisst er nicht.« Genau diese Einstellung bewegt viele Bundesbürger dazu,»altmodische«, aber scheinbar bewährte Anlageformen wie Sparbuch, Bausparvertrag oder klassische Garantieprodukte zu besparen. Diese Mentalität birgt jedoch ungeahnte Risiken für die Zukunft, die in diesem Buch schonungslos offengelegt werden.

Was können Sie vom Inhalt dieses Buches erwarten?

- Sie erfahren, wie Sie Ihr Geld gewinnbringend und risikoarm investieren können.
- Sie erhalten einen Überblick über die Finanzsituation der privaten Haushalte in Deutschland.
- Sie werden die Höhe der gesetzlichen Rente, die Sie wirklich erwartet, selbst berechnen können.
- Sie lernen die Grundregeln des Investierens kennen.
- Sie erfahren, wie Vermögende ihr Geld investieren und vermehren.
- Sie lernen die wichtigsten Anlageformen anhand von verständlichen Erläuterungen kennen.
- Sie erhalten die Entscheidungsgrundlagen, um zwischen sinnvollen und weniger sinnvollen Anlagen zu unterscheiden.
- Sie erhalten konkrete Empfehlungen, wie Sie mit Ihren bestehenden klassischen Lebensversicherungen und Bausparverträgen umgehen können
- Das Buch befähigt Sie, endlich auf Augenhöhe mit Ihrem Bank- und Anlageberater zu sprechen.

Einleitung

Die Autoren

Benedikt Lotz

Investment und Ingenieurwesen passen nicht zusammen? »Doch, selbstverständlich!«, sagt Benedikt Lotz. Er vereint beide Themengebiete und hat es sich seit fünf Jahren zur Aufgabe gemacht, die Sinnhaftigkeit und Sicherheit der langfristigen Aktienanlage mit seiner ingenieurhaften Genauigkeit und Sachlichkeit, mit logischen und praktischen Beispielen an viele Menschen weiterzugeben.

Seine Vision besteht darin, dass sich der deutsche Bürger endlich vom konservativen Sparer zum selbstbestimmten und mündigen Investor und Anleger entwickelt. Wenn es nach ihm geht, steigt die Aktienquote in Deutschland in der nächsten Dekade von aktuell unter 10 auf dann über 20 Prozent. Mit seiner Begeisterung und Leidenschaft für Aktien schafft er es immer wieder, Menschen aus allen Berufen und Gesellschaftsschichten für dieses Thema zu begeistern.

Lassen auch Sie sich durch seine einprägsamen und anschaulichen Beispiele von den Vorteilen der Aktienanlage überzeugen. Auf seinem Investment-Blog *Investmentingenieur.de* schreibt er regelmäßig über diese Themen. Kontaktieren können Sie ihn unter folgender Adresse: mail@investmentingenieur.de.

Joschi Häußler

Wie viele Menschen geben ihre Träume auf und tauschen diese gegen Sicherheit ein? Joschi Häußler hat selbst eine lange Zeit nach dieser Philosophie gelebt. Er war acht Jahre lang im Staatsdienst bei der Polizei tätig. Gerade in den letzten Jahren war es nicht die Arbeit selbst, die ihn antrieb, sondern lediglich das achso wichtige Geld. Er tauschte also Zeit für Geld. Geld sollte nach seiner heutigen Überzeugung aber niemals einen solch hohen Stellenwert bekommen, dass ein Mensch ihm hinterherläuft und sich dafür ausbeuten lässt.

Joschi Häußlers Vision lautet: Jeder Mensch in Deutschland muss unabhängig von sozialem Stand, Verdienst oder akademischem Abschluss das Recht haben, sich an der Volkswirtschaft, das heißt am Produktivkapital der Wirtschaft, zu beteiligen. Häußler glaubt daran, dass jeder Mensch darüber aufgeklärt werden muss und dass es sinnvoll ist, sich an großartigen Unternehmen zu beteiligen.

Warum dieses Buch?

Die finanziellen Herausforderungen des 21. Jahrhunderts können wir nur lösen, wenn wir alte Denkmuster beiseitelegen und anfangen, alternative Lösungen zu finden. »*Wer bewahren will, muss verändern!*«

In den vergangenen Jahren haben wir als Berater jedoch festgestellt, dass viele deutsche Bürger Aktien und Unternehmensbeteiligungen sowie die Themen Geld und Finanzen fast schon fürchten wie der Teufel das Weihwasser. Doch werden wir Deutschen mit dieser Einstellung keinen Schritt weiterkommen.

Die finanzielle Bildung in Deutschland ist über alle Altersgruppen hinweg, vorsichtig ausgedrückt, sehr bescheiden. In der Schule und in über 95 Prozent der Studiengänge spielen finanzielle Themen gar keine oder eine sehr untergeordnete Rolle. Es ist daher nicht verwunderlich, dass Versicherungs- und Finanzthemen bei den Bürgern ähnlich beliebt sind wie Magen-Darm-Verstimmungen.

Ein Bericht der *Frankfurter Allgemeinen Zeitung* brachte es am 16. Mai 2011 auf den Punkt: »Lieber zum Zahnarzt als zur Bank«.[1] Das ist zum Teil natürlich nachvollziehbar, da man als »durchschnittlicher« Anleger im Finanzdschungel und Versicherungswirrwarr kaum mehr durchsteigt. Letztlich ist jedoch nur eine Person dafür verantwortlich, dass Sie Freiheit, Glück und Sicherheit finden und dass es Ihnen an nichts fehlt: Sie selbst!

Mit diesem Buch verfolgen wir das Ziel, Ihre Denkweise im Hinblick auf Geld und Finanzen zu ändern. Sehr viele interessante und umfassende Bücher behandeln die Themen Finanzen, Investment, Börse bereits ausgesprochen detailliert, und das gilt ebenfalls für die Rentenproblematik. Dieses Buch soll aber gerade Einsteigern, die sich noch wenig mit dem Thema Finanzen auseinandergesetzt haben, einen möglichst umfassenden Überblick mit einfachen und einprägsamen Beispielen verschaffen. Es soll zum Umdenken anregen und zusätzlich eine Grundlage schaffen, damit Sie den Grundstein Ihrer finanziellen Freiheit für sich und Ihre Familie legen können.

Unser Ziel ist es, so viele Menschen wie möglich am weltweiten Wirtschaftswachstum zu beteiligen. Wir möchten Sie auf Ihrem Weg in die finanzielle Freiheit unterstützen und außerdem die extrem ungleiche Verteilung des Gesamtvermögens etwas ausgleichen.

Dafür ist eine grundlegende finanzielle Bildung notwendig, die in Deutschland leider noch nicht in ausreichendem Maße vorhanden ist. Geld und Finanzen sind nach wie vor Tabuthemen. Negative Emotionen und Erfahrungen des Einzelnen tragen dazu bei, dass bei vielen

Menschen Misstrauen, Skepsis und teilweise sogar Angst herrschen, was sich letztlich in einem unguten Bauchgefühl niederschlägt, sobald das Thema Finanzen zur Sprache kommt. Am Ende handelt es sich dabei um eine riesige Blackbox, die nur wenige durchschauen und noch weniger verstehen und auslesen können!

Mit diesem Buch wollen wir diese Blackbox für mehr Menschen öffnen, die Zusammenhänge verständlich erklären und vor allem die Vorurteile abbauen, die Sie womöglich bei Ihrer finanziellen Entwicklung behindern. Dieses Buch soll Sie einen großen Schritt weiterbringen und Ihnen dabei helfen, Ihre eigene finanzielle Situation auf den Prüfstand zu stellen.

Wir können Sie nur dazu ermuntern, über den Tellerrand zu schauen und auch einmal Entscheidungen gegen die allgemein anerkannte Meinung zu treffen. Es wird Ihre finanzielle Situation langfristig verbessern, nicht immer der Herde hinterherzulaufen.

Wir hoffen, dass Sie nach dem Lesen dieses Buches bei Ihrer nächsten Geldanlageentscheidung genauso gründlich vorgehen wie bei der Buchung Ihres Sommerurlaubs oder der Wahl Ihres Smartphones. Immerhin ist die Chance hoch, dass die Entscheidung für die richtige Geldanlage Ihnen den nächsten Urlaub oder das nächste Mobiltelefon finanziert.

Gehen Sie mit uns den entscheidenden Schritt in die richtige Richtung. Sie werden die Grundausbildung im Bereich der Finanzen durchlaufen. Und damit: Herzlichen Glückwunsch zum Kauf dieses Buchs und willkommen in Ihrer ersten Unterrichtsstunde! Nach der Lektüre dieses Buchs werden Sie sich länger mit dem Thema Finanzen auseinandergesetzt haben als der Durchschnittsdeutsche in seinem gesamten Leben! Und vor allem werden Sie sehen, dass sich der Einsatz wirklich lohnt.

Finanzielle Selbsteinschätzung

Bevor Sie mit der Lektüre dieses Buchs fortfahren, möchten wir Sie dazu ermuntern, sich einmal kritisch über Ihre finanzielle Situation Gedanken zu machen und Ihre Grundhaltung zum Thema Finanzen zu erforschen. Folgende Fragen werden Ihnen dabei helfen.

Wie bewerten Sie Ihr aktuelles Einkommen?

- ( ) Als zu niedrig.
- ( ) Als angemessen.
- ( ) Als überdurchschnittlich.

Wie beurteilen Sie Ihr Nettovermögen?

- ( ) Als zu niedrig.
- ( ) Als angemessen.
- ( ) Als überdurchschnittlich.

Auf einer Skala von 1 (sehr schlecht) bis 10 (ausgezeichnet) – Wie beurteilen Sie Ihre vergangenen Investitionen?

Auf einer Skala von 1 (sehr gering) bis 10 (Experte) – Wie schätzen Sie Ihr Wissen zum Thema Geld, Finanzen und Investment ein?

Haben Sie exakte Finanzpläne und wissen Sie genau, was Sie wollen?

Haben Sie einen Coach für finanzielle Dinge?

Sparen, oder besser, investieren Sie pro Monat wenigstens 10 bis 20 Prozent Ihres Einkommens?

Wie lange könnten Sie von Ihren Ersparnissen leben, ohne aktiv etwas dazuzuverdienen?

Wie viel Zeit haben Sie in den vergangenen zwölf Monaten für das Thema Finanzen aufgewendet?

Falls Sie bereits Finanzprodukte gekauft oder Anlageverträge abgeschlossen haben – wissen Sie, wie diese funktionieren?

Können Sie absehen, wann Sie von den Erträgen Ihres Vermögens und Ihrer Anlagen werden leben können?

Würde es Sie befriedigen, wenn sich die nächsten fünf Jahre finanziell genauso entwickeln würden wie die vergangenen fünf Jahre?

Wie fühlen Sie sich, nachdem Sie die Fragen beantwortet haben?

Gleichgültig, welche Antwort Sie auf die letzte Frage gegeben haben: Nach der Lektüre dieses Buches werden Sie sich in Bezug auf Ihre Finanzen besser fühlen. Durch dieses Buch erhalten Sie den nötigen Impuls, um die richtigen Schritte in Richtung Ihrer ganz persönlichen finanziellen Ziele mit Mut und Selbstvertrauen zu machen.

Wir wünschen Ihnen dabei viel Ausdauer und Erfolg. Damit Sie sich langsam an das umfangreiche Thema herantasten können, starten wir auf der nächsten Seite mit einem kleinen Quiz, bei dem Sie Ihren Kenntnisstand auf die Probe stellen können. Viel Spaß dabei! Wenn Ihnen das allerdings jetzt zu Beginn zu viele Fragen sind, dann lesen Sie direkt auf Seite 21 weiter und beantworten Sie die Quizfragen anschließend.

Wissenstest Finanzen und Investment

1. Welche Geldanlageform halten Sie für die langfristig lukrativste?
   a. Sparbuch/Tagesgeld
   b. Edelmetalle
   c. Klassische Lebensversicherung
   d. Bausparvertrag
   e. Aktienbeteiligung

2. Um wie viel Prozent ist der DAX zwischen 1948 und 2018 durchschnittlich pro Jahr gestiegen?
   a. 2,3 Prozent
   b. 8,5 Prozent
   c. 3,7 Prozent
   d. 12,4 Prozent
   e. 5,9 Prozent

3. Welches Vermögen würden Sie aufbauen, wenn Sie monatlich 100 Euro über 40 Jahre bei 8 Prozent jährlicher Wertentwicklung anlegen und die Erträge jedes Jahr reinvestiert würden? (Werte gerundet)
   a. 56.000
   b. 324.000
   c. 502.000
   d. 112.000
   e. 246.000

4. Welches der folgenden Unternehmen ist nicht im Deutschen Aktienindex DAX enthalten? (Stand 2018)
   a. SAP
   b. Lufthansa
   c. BMW
   d. Nestlé
   e. Siemens

5. Welcher prozentuale Anteil der 30 größten deutschen Unternehmen gehört deutschen Investoren?
   a. 55 Prozent
   b. 100 Prozent
   c. 6 Prozent
   d. 37 Prozent
   e. 74 Prozent

6. Aus wie vielen internationalen Unternehmen setzt sich der weltweite Aktienindex MSCI World zusammen? (Stand Juni 2018)

    a. 211

    b. 30

    c. 1644

    d. 500

    e. 2018

7. Wie hoch wäre Ihr gesamter Dividendenertrag, wenn Sie über die vergangenen zehn Jahre eine Summe von insgesamt 50.000 Euro in BASF-Aktien angelegt hätten?

    a. 3500

    b. 19.000

    c. 11.000

    d. 7800

    e. 920

8. Welche der folgenden Geldanlagemöglichkeiten sind Sachwertanlagen?

    a. Gold

    b. Immobilien

    c. Bausparvertrag

    d. Aktien/Aktienfonds

    e. Sparbuch

    f. Staatsanleihen

Antworten: (1): e; (2): b; (3): b; (4): d; (5): d; (6): c; (7): b; (8): a, b, d

Finanzielle Herausforderungen des 21. Jahrhunderts

Herausforderung Rente

»Kein noch so gutes Rentenversicherungssystem kann es verkraften, dass immer weniger Beitragszahler für immer mehr Rentner einen immer längeren Rentenbezug finanzieren.«

WALTER RIESTER

»Wenn du merkst, dass du ein totes Pferd reitest, steige ab.«

SPRICHWORT DER DAKOTA-INDIANER

Der demografische Wandel ist den allermeisten Deutschen ein Begriff. Seine dramatischen Auswirkungen sind für die Mehrheit jedoch überhaupt nicht greifbar. Aber es wird tief greifende Änderungen für ältere Menschen in Deutschland geben. Schon heute bessern sich viele Rentner ihren Lebensunterhalt mit kleinen Nebeneinkünften auf. Der Armutsbericht der Bundesregierung bestätigt: Die Deutschen werden ärmer. Aktuell gelten 12,9 Millionen Menschen in der Bundesrepublik als arm, was einem Anteil von 15,7 Prozent entspricht. Der Bericht zeigt ebenfalls auf: Die Rentner haben immer weniger zum Leben. Die Zahl der Rentner unter der deutschen Armutsgrenze ist von 2005 bis 2017 um 49 Prozent auf 3,4 Millionen Bürger gestiegen. (Die Studie definiert ein Einkommen von 917 Euro netto monatlich als Armutsgrenze für einen Singlehaushalt und etwa

1200 Euro für einen Doppelhaushalt.)[2] Die Schere zwischen Arm und Reich wird sich weiter öffnen, und unser wertvolles Vermächtnis des sozialen Rechtsstaats wird künftig auf eine harte Probe gestellt.

Bereits heute steht fest: Die staatlichen Renten müssen in naher Zukunft von heute etwa 48 Prozent auf rund 40 Prozent des Bruttogehalts sinken. Nur so lässt sich das Umlageverfahren noch aufrechterhalten, bei dem die Arbeitnehmer mit ihren aktuellen Rentenversicherungsbeiträgen direkt die Rentenversicherungsauszahlungen an Ruheständler finanzieren.[3] Dabei werden bereits heute 26 Prozent (68 Milliarden Euro) der gesamten Ausgaben der gesetzlichen Rentenversicherung aus den allgemeinen Steuern finanziert.[4]

»Die Rente ist sicher, solange etwas dafür getan wird.« So äußerte sich der damalige Bundesminister für Arbeit und Sozialordnung Norbert Blüm im Jahr 1997. Das stimmte auch – damals. Doch die Höhe der Rente ist nicht sicher. Heute ist nur sicher, dass die gesetzliche Rente für die meisten Menschen nicht ausreichen wird. Denn in den letzten Jahren wurde, wie von Herrn Blüm vorausgesagt, nicht genug dafür getan. Für alle, die im Jahr 2030 oder später nach 40 Beitragsjahren in Rente gehen, wird eine Rente von knapp 700 Euro Kaufkraft nach Inflation nicht ausreichen (dies entspricht 1500 Euro Rente vor Inflation).[5]

Stellen Sie sich vor, Sie müssten von 700 Euro pro Monat Ihren Lebensunterhalt bestreiten. Würden Sie das über 10, 20, 30 Jahre oder vielleicht sogar noch länger hinbekommen?

Dass diese Zahlen keine Fiktion, sondern traurige Realität sind, zeigt ein genauer Blick auf die eigene Renteninformation. Viele lesen besagte Renteninformation wie eine Restaurantrechnung. Die Einzelheiten werden überflogen und am Ende interessiert nur die Endsumme. Es lohnt sich jedoch, einmal in die Details zu gehen, auch wenn dies zu Beginn des Buches vielleicht abschreckend wirken mag. Aufschlussreich ist es dennoch!

Jeder Angestellte, der mindestens fünf sozialversicherungspflichtige Arbeitsjahre vollendet hat, erhält ab dem Alter 27 jährlich die sogenannte Renteninformation von der Deutschen Rentenversicherung. Diese enthält zunächst zwei wichtige Werte: den aktuellen Rentenanspruch und den voraussichtlichen Anspruch zum Zeitpunkt des Renteneintritts.

Diese beiden Größen werden mit der Rentenformel berechnet. Die Rente, die Ihnen auf Seite 1 der Renteninformation angekündigt wird, ist jedoch ohne Berücksichtigung der Inflation dargestellt. Die Kaufkraft des ausgewiesenen Betrags wird sich bei 2 Prozent Inflation in 35 Jahren halbieren. Schlimmer noch: Eine höhere Inflationsrate von 3 oder gar 4 Prozent erscheint sogar realistischer, wie im Kapitel zur Inflationsratenberechnung noch näher ausgeführt wird.

Doch damit Sie diese Thesen nachvollziehen können, möchten wir mit Ihnen zwei Rechenbeispiele betrachten. Grundlage der Rentenberechnung ist, wie bereits erwähnt, folgende Rentenformel:

Monatliche Rentenhöhe = Entgeltpunkte x Zugangsfaktor x aktueller Rentenwert x Rentenartfaktor[6]

Schauen wir uns die einzelnen Bestandteile dieser Formel einmal genauer an. Zunächst zu den Entgeltpunkten: Unser Rentensystem ist ein Punktesammelsystem. Wenn Sie im Jahr genau das in Deutschland geltende Durchschnittsgehalt beziehen, dann erhalten Sie pro Jahr einen Entgeltpunkt. Dieser Durchschnittsverdienst liegt im Jahr 2018 in Westdeutschland bei 36.540 Euro und in Ostdeutschland bei 32.340 Euro.[7] Die Arbeitnehmer in den neuen Bundesländern erhalten für ihre Arbeit im Schnitt 25 Prozent weniger Entlohnung. Die Beitragsbemessungsgrenze der Rentenversicherung liegt im Jahr 2018 in Westdeutschland bei 78.000 Euro, in Ostdeutschland bei 69.600 Euro.[8] Sie gibt an, bis zu welcher Einkommenshöhe Sie Entgeltpunkte sammeln können. Maximal sind etwa zwei Punkte pro Jahr möglich, ist das Einkommen höher, wirkt sich das nicht mehr auf die Rentenhöhe aus.

Der **Zugangsfaktor** beträgt 1, sofern man zur Regelaltersgrenze in Rente geht und nicht davor. Bei einem vorzeitigen Rentenantritt werden für jeden Monat 0,3 Prozent abgezogen.

Der aktuelle **Rentenwert** wird jährlich zum 1. Juli hauptsächlich gemäß der allgemeinen Lohnentwicklung angepasst und liegt aktuell (zweites Halbjahr 2018 bis erstes Halbjahr 2019) in Westdeutschland bei 32,03 Euro, in Ostdeutschland bei 30,69 Euro.

Beim **Rentenartfaktor** kommt es auf die Art Ihrer Rente an. Bei gewöhnlichen Altersrenten liegt dieser Wert bei 1. Dagegen werden Renten wegen teilweiser Erwerbsminderung oder Vollwaisenrenten mit dem Faktor 0,5 bzw. 0,2 und Halbwaisenrenten mit dem Faktor 0,1 multipliziert. Häufig wird bei Politikern und in öffentlichen Debatten von dem sogenannten Eckrentner gesprochen, der die Standard- oder Durchschnittsrente erhält. Laut einer Schätzung der Deutschen Rentenversicherung liegt die monatliche Standardrente in den alten Bundesländern im Durchschnitt des Jahres 2018 bei 1419 Euro (West).[9] Der Eckrentner zahlt 45 Jahre lang Beiträge in die Rentenversicherung ein, verdient jedes Jahr das Durchschnittsgehalt, arbeitet bis zur Regelaltersgrenze und hat bei Rentenbeginn 45 Entgeltpunkte angesammelt. Diese Zahl erscheint für viele auf den ersten Blick ausreichend. Die Rente, die sich daraus errechnet, beinhaltet jedoch weder eine Inflationsanpassung noch die Abzüge für Sozialversicherung und Steuer.

Gehen wir von einer realistischen Rentenerhöhung von 1 Prozent pro Jahr aus[10], dann liegt die Durchschnittsrente in 45 Jahren, also im Jahr 2063, bei 2164 Euro brutto. Diesen Betrag korrigieren wir allerdings um die Inflation mit 2 Prozent pro Jahr. Unterm Strich erhalten wir somit einen Wert von nur noch 887 Euro brutto. Nach Abzug der Steuern und aller Sozialversicherungsbeiträge liegt der Nettobetrag bei traurigen 613 Euro netto (Kaufkraft).

- 887 Euro brutto
- −177,00 Euro (20 Prozent Steuern)
- −64,00 Euro (7,3 Prozent Krankenversicherung)
- −9,75 Euro (1,1 Prozent Zusatzbeitrag)
- −22,60 Euro (2,55 Prozent Pflegeversicherung)[11]
- = 613 Euro netto

Jetzt sagen Sie vielleicht, dass Sie ja viel mehr in die Rentenversicherung einzahlen und dementsprechend auch eine viel höhere Rente bekommen werden. Dazu möchten wir Ihnen mit folgendem Beispiel verdeutlichen, dass Sie vielleicht doch einen Plan B brauchen: Wir berechnen nun die Rentenhöhe, die erreicht wird, wenn alle Parameter nahezu das Optimum erreichen.

Ein Angestellter hat mit 25 Jahren zu arbeiten begonnen und seitdem in die gesetzliche Rentenversicherung eingezahlt. Er wird im Alter von 67 Jahren in Rente gehen. Für 42 Verdienstjahre erreicht er ein Einkommen, das immer dem maximal fördermöglichen Gehalt entspricht. Er verdient während der gesamten 42 Jahre ein Gehalt, das der Beitragsbemessungsgrenze entspricht (2018: 6500 Euro brutto monatlich – circa 3950 Euro netto monatlich West; Ost: 5800 Euro). Somit sammelt er jedes Jahr die maximal möglichen 2 Punkte.

Dies ergibt folgende Berechnung mit der Rentenformel:

Rente = 84 Punkte x 1 x 31,03 € x 1 = 2696 € brutto

Mit der eingerechneten Rentensteigerung von 1 Prozent pro Jahr ergibt dies 4094 Euro brutto. Nach Abzug der Inflation bleiben davon 1782 Euro brutto. Dies entspricht nach Abzug aller Sozialabgaben und Steuern einem Betrag von 1250 Euro netto. Dabei haben wir noch unberücksichtigt gelassen, dass – je nach persönlichem Einkommen –

eventuell noch ein höherer Steuersatz als 20 Prozent angesetzt wird. Zudem ist die Inflationsrate in unserem Szenario mit 2 Prozent auch eher moderat angesetzt.

Sie müssen sich jetzt noch einmal vor Augen führen, dass Sie von einem Nettoerwerbseinkommen während Ihrer Berufstätigkeit von 3950 Euro auf eine Rente von 1250 Euro zurückfallen, wenn Sie lediglich auf die gesetzliche Rente gebaut haben.

Ein weiterer Punkt, den viele nicht berücksichtigen, sind die Steuern auf Rentenbezüge. Unsere aktuellen Rentner müssen ihre Rente nicht komplett versteuern. Wer bis zum Jahr 2005 in seinen Altersruhestand ging, muss seine gesetzliche Rente nur zu 50 Prozent versteuern. Der steuerpflichtige Anteil steigt bis zum Jahr 2020 um zwei Prozentpunkte pro Jahr, ab dann um einen Prozentpunkt pro Jahr, bis er schließlich 100 Prozent erreicht für diejenigen Menschen, die erst 2040 oder später ihren Ruhestand angehen. Entscheidend ist das Jahr des Renteneintritts. Das hat zur Folge, dass Rentner, die 2018 in Rente gehen, 76 Prozent ihrer Rente versteuern müssen.

Ab 2040 muss die gesamte Rente (sollte es sie in ihrer heutigen Form dann noch geben) voll versteuert werden, was zu noch geringeren Nettorenten führt. Leider ist diese Entwicklung nicht mehr aufzuhalten.

Folgende Faktoren bedingen das Absinken des Rentenniveaus: Die Menschen leben durch eine verbesserte medizinische Versorgung länger und länger. Jedoch gibt es immer weniger Nachwuchs, der durch seine Arbeitskraft für die Älteren sorgen. Die Folge ist der »demografische Dönerspieß«, eine Alterspyramide, die das Verhältnis zwischen den Altersgruppen anschaulich macht. Sofern wir uns nicht selbst um unser Auskommen im Alter kümmern, wird es mit hoher Wahrscheinlichkeit niemand tun.

Das System begünstigt die Einstellung, im Hier und Jetzt zu leben und sich über später keine Gedanken zu machen. Diese Einstellung müssen wir aber sofort ablegen und das Zepter selbst in die Hand nehmen. Es wird niemand sonst für uns vorsorgen. Finanzielle Unabhängigkeit zu erlangen ist einfacher, als Sie denken, und es ist auch kein Naturgesetz, bis zum Alter von 67 Jahren arbeiten zu müssen.

Mit diesem Buch halten Sie den Schlüssel dazu in den Händen, selbst zu bestimmen, wann für Sie der richtige Zeitpunkt für den Rentenantritt gekommen ist. Das kann mit 65 Jahren, 60 Jahren oder noch viel früher sein. Es bedeutet auch nicht, dass Sie dann überhaupt nicht mehr arbeiten. Wenn Sie Spaß an Ihrer Tätigkeit haben, können Sie diese auch bis ins hohe Alter noch ausüben. Allerdings sollten Sie sich dann aus freien Stücken dafür entscheiden und nicht aus finanzieller Not. Wie wir alle wissen, gibt es im Leben nichts geschenkt. Leben bedeutet immer, einen gewissen Preis für etwas zu bezahlen. Dieser Preis ist nicht immer in Geldeinheiten zu bewerten, sondern häufig auch in Zeit, Mühe und Passion. Den Preis, den Sie heute für Ihre finanzielle Freiheit im Alter bezahlen müssen, ist nicht gering. Es ist der Preis der Zeit, der Mühe, des Verzichts und der Disziplin – das alles bringen Sie heute auf, um später finanzielle Freiheit zu erreichen. Finanzielle Freiheit bedeutet, sich nicht mehr abhängig fühlen zu müssen. Es bedeutet, an jedem Tag selbstbestimmt zu entscheiden, wie Sie diesen verbringen wollen.

Die Zahlen zeigen, dass eine Anpassung des Systems unausweichlich ist, damit es in Zukunft noch funktionieren kann. Doch darum soll es in den nächsten Kapiteln des Buches nicht mehr gehen. Wir wollen mit diesem Buch nicht das Rentensystem revolutionieren. Sehr wohl aber wollen wir Ihre Art zu denken umkrempeln, sodass Sie weitgehend unabhängig von der gesetzlichen Rente werden. Denn eines ist sicher: Wer sich noch darauf verlässt, dass der Staat im Rentenalter vollumfänglich für ihn sorgen wird, der wird im wahrsten Sinne des Wortes verlassen sein. Machen Sie sich ein Stück weit unabhängig von staatlichen Institutionen!

Doch nun zeigen wir Ihnen zunächst weitere Herausforderungen und Hürden auf dem Weg zur finanziellen Freiheit.

Niedrigzinsniveau

Viele wünschen sich die gute alte Zeit zurück. Eine Zeit, in der es auf schwankungsarme Sparanlagen noch hohe Zinsen von bis zu 10 Prozent pro Jahr gab. Aber diese Zeit ist heute definitiv vorbei. Betrachtet man die langfristige Entwicklung des Zinsniveaus in Deutschland und Europa, wird eines sehr deutlich. So niedrig wie heute waren die Zinserträge auf Kapitaleinlagen schon lange nicht mehr. Hierzu sehen Sie in Abbildung 1 eine Darstellung der Realzinsen in Deutschland seit 1996.

Abbildung 1: Realzinsen in Deutschland 1996–2017[12], Quelle: Deutsche Bundesbank

Nie in unserer Geschichte war es daher dringlicher als heute, sich mit dem Thema intelligente Geldanlage zu beschäftigen. Wenn Sie bewahren wollen, was Ihnen lieb und teuer ist, sollten Sie jetzt umdenken!

Die Nullzinspolitik der Europäischen Zentralbank (EZB) bleibt wohl noch einige Zeit bestehen. Das kostet die deutschen Sparer mit ihrer sehr defensiven »Anlagestrategie« (Bankkonten, Kapitellebensversicherungen et cetera) ein Vermögen. Zinseinnahmen, die vor einigen Jahren noch in Milliardenhöhe sprudelten, fallen von Jahr zu Jahr geringer aus.

Das niedrige Zinsniveau begünstigt jedoch die Aktienkurse. Neue Aktienkurs-Höchststände konnten in den Jahren 2010 bis 2018 breitflächig beobachtet werden. Diese Gewinne liefen, wie schon in den Jahren zuvor, an vielen deutschen Sparern schlicht vorbei, wie folgende Übersicht (Abbildung 2) eindrucksvoll zeigt.

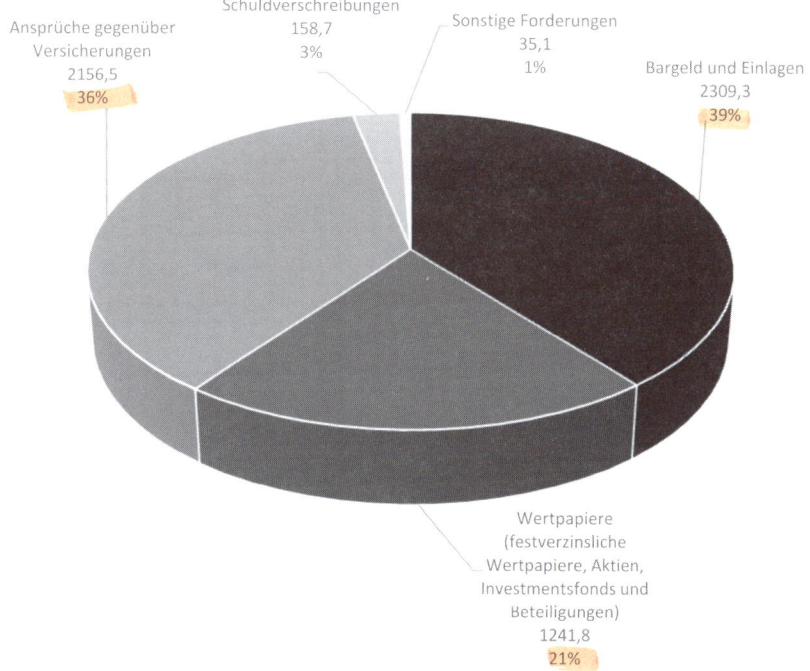

Schuldverschreibungen
158,7
3%

Ansprüche gegenüber
Versicherungen
2156,5
36%

Sonstige Forderungen
35,1
1%

Bargeld und Einlagen
2309,3
39%

Wertpapiere
(festverzinsliche
Wertpapiere, Aktien,
Investmentsfonds und
Beteiligungen)
1241,8
21%

Abbildung 2: Verteilung des Geldvermögens der privaten Haushalte in Deutschland, Angaben in Milliarden Euro[13], Quelle: Deutsche Bundesbank

Nach wie vor sind die beliebtesten Geldanlageklassen der Deutschen gering verzinste Sparanlagen bei Banken und Versicherungen. In Wertpapierfonds und Aktien investieren überhaupt nur weniger als 11 Prozent der Bevölkerung.[14] Dabei handelt es sich meistens um Menschen der älteren Generation und Gutverdiener. Gerade den jungen Sparern fehlen häufig die Erfahrung und der Mut, um sich mit dem Aktieninvestment auseinanderzusetzen. Seit 2015 ist jedoch erfreulicherweise anzumerken, dass die Zahl der Aktionäre im Alter von 14 bis 39 Jahren kontinuierlich steigt (siehe Abbildung 3).

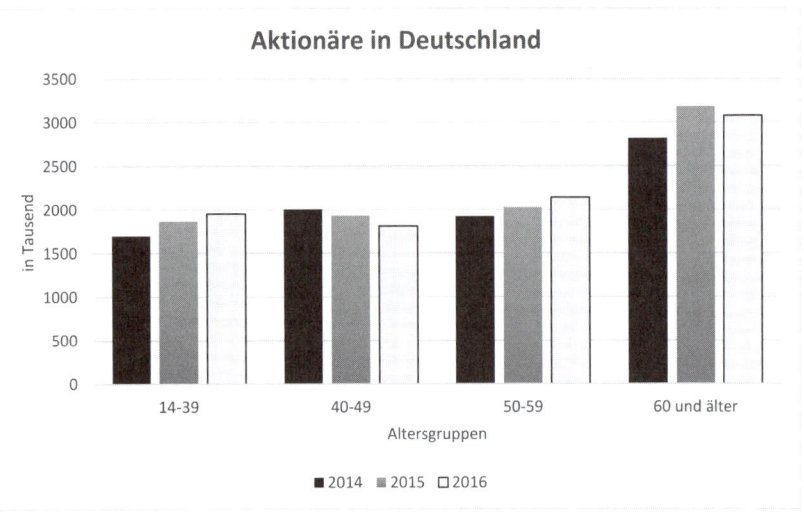

Abbildung 3: Anteil der Aktionäre in Tausend in Altersschichten, Quelle: Deutsches Aktieninstitut, Aktionärszahlen 2016

Ein weiteres, nicht unrealistisches Szenario ist die Verbreitung von Negativzinsen. Die Commerzbank führte beispielsweise Ende 2014 zeitweise eine Guthabengebühr bei einzelnen großen Firmenkunden und Großkonzernen ein.[15]

Stellen Sie sich vor, Sie legen Geld bei der Bank an, diese darf damit arbeiten, und Sie müssen dafür noch Geld bezahlen. Sie werden somit für Ihr angespartes Kapital bestraft. Das sind Auswirkungen der aktuellen Entwicklung, die in den nächsten Jahren durchaus häufiger vorkommen könnten.

Fast verständlich mag da erscheinen, das Geld besser gleich auszugeben, wenn es auf Sparguthaben schon keine Zinsen mehr gibt. »Wer weiß, wie viel ich später dafür noch bekomme?«, mag sich manch einer denken. Jedoch sollte uns bei der kurzfristigen Konsumfreude jederzeit bewusst sein, dass uns das Geld, das wir heute ausgeben, morgen logischerweise nicht mehr zur Verfügung steht. Für größere, intelligente Sachwertanschaffungen oder eben für die finanzielle **Unabhängigkeit fehlen diese finanzielle Mittel dann schließlich.**

Die kurzfristige Freude und Befriedigung, etwas Neues erstanden zu haben, siegt meist über die Vernunft. Allerdings bekommen wir mit dieser Einstellung, wenn wir ihr allzu oft nachgeben, früher oder später ein riesiges Problem. Wir müssen heute sparen und vor allem investieren, um das, was wir uns im Arbeitsleben gönnen, und unseren Lebensstandard, den wir uns geschaffen haben, auch morgen noch halten zu können. Dazu ist es dringend ratsam, entgegen allen Versuchungen dem Reiz der sofortigen Belohnung zu widerstehen.

Es ist definitiv nicht unser Ziel, Sie zum Geizhals mutieren zu lassen. Dafür ist das Leben zu lebenswert, und zudem macht es glücklich und bringt große Freude, andere zu beschenken oder ihnen zu helfen. Allerdings sollten wir uns ruhig beim eigenen Konsum häufiger die Frage stellen: »Brauche ich das wirklich unbedingt? Oder ist es nicht sinnvoller, das eingesparte Geld für mich arbeiten zu lassen, damit ich bald nicht mehr für Geld arbeiten muss?«

Zur Frage, wie Sie Ihr Geld sinnvoll für sich arbeiten lassen, werden Sie in den späteren Kapiteln mehr erfahren. An dieser Stelle können wir nur noch alarmiert feststellen, dass das Geldvermögen der Deutschen in Sichteinlagen (zum Beispiel Giro-, Spar- oder Tagesgeldkonten) insgesamt 2.309.000.000 Euro (2,309 Milliarden Euro) beträgt. Das bedeutet bei einer Durchschnittsverzinsung nahe null Prozent, die diese Geldanlageformen seit Jahren mit sich bringen und bei einer Inflation von 2 Prozent pro Jahr: Die deutschen Sparer (nur Privatpersonen) erleiden einen Kaufkraftverlust von sage und schreibe 46,2 Milliarden Euro pro Jahr.

Konsummentalität

»Wir kaufen Dinge, die wir nicht brauchen, um Leuten zu gefallen, die wir nicht mögen, mit Geld, das wir nicht haben.«

ZITAT AUS DEM FILM *FIGHT CLUB*

Neben einer verbreiteten Sparmentalität, die in den letzten Jahren mit Zinsen zwischen 2 und 4 Prozent besonders ausgeprägt war, lässt sich heute, speziell bei jüngeren Leuten, eine erhöhte Konsummentalität beobachten. Nach dem Motto: »Bevor ich keine Zinsen bekomme oder vielleicht sogar Geld bezahlen muss, um es bei der Bank aufzubewahren, gebe ich es lieber für schöne Dinge aus.«

Gerade in der heutigen Zeit ist man als Jugendlicher und junger Erwachsener ja schon ziemlich out, wenn man den Freunden und Freundinnen nicht das aktuelle iPhone, die neuesten Nike-Sneakers oder die angesagte Céline-Handtasche präsentieren kann.

So arbeiten sie immer härter und länger in ihren Jobs, um sich gleich darauf als Belohnung für die ganze Arbeit die schönen Dinge zu gönnen. Die allgegenwärtige Werbung und alle Finanzierungsangebote für die angesagten Produkte, gepaart mit leicht erhältlichen Kreditkarten, bewirken das Übrige: Ehe sich die jungen Leute versehen, stecken sie in einer durch extremen Konsum ausgelösten Schuldenfalle.

So ist es dann auch nicht verwunderlich, dass sich 62 Prozent der 18- bis 34-Jährigen laut Umfrageergebnissen von ARD-DeutschlandTrend aus dem Jahr 2016 Sorgen um ihre finanzielle Absicherung im Alter machen.[16] Das ist deshalb besonders unglücklich, weil ein früher Start in den langfristigen Vermögensaufbau das Erreichen der gesteckten Sparziele fürs Alter erleichtert, besonders in Zeiten niedriger Zinsen.

Risikoaversion

»The trouble is, if you don't risk anything, you risk more.«

ERICA JONG

Nicht nur das Streben nach Glück, sondern auch das Streben nach Sicherheit liegt in der Natur des Menschen. Aus evolutionärer Sicht war die Risikoabneigung sogar elementar wichtig. Sie hat die Ausbreitung unserer Spezies erst möglich gemacht. Mit zunehmendem technischem Fortschritt wurde das Leben, insbesondere in Deutschland, in den letzten Dekaden immer sicherer. Egal ob Autos, Nahrungsmittel, Kleidung oder letztlich auch Finanzprodukte – alles wird genormt, geprüft, zertifiziert und bombensicher gemacht. Das gefällt dem Deutschen, der Sicherheit, Verlässlichkeit und Planbarkeit genauso liebt wie sein Eigenheim.

Doch wie sicher ist diese Sicherheit eigentlich wirklich? Fakt ist, dass niemand den Eintritt zufälliger Ereignisse zu 100 Prozent ausschließen kann. Jeder muss sich zwangsläufig damit abfinden, dass sich die Dinge zwar sicherer, aber nie komplett sicher machen lassen.

Aus finanzieller Sicht bedeutet diese Risikoaversion, dass sich die Menschen beispielsweise über den Verlust von 100 Euro mehr ärgern, als sie sich über den Gewinn des gleichen Betrags freuen. Das Verhältnis von Verlustangst zur Freude am Gewinn liegt im Mittel bei 2 zu 1. Das bedeutet, dass der Sparer einen Verlust von 100 Euro erst bei einem Gewinn von 200 Euro emotional ausgeglichen hat.

Daher erscheint es verständlich, dass die Mehrheit der Sparer bei finanziellen Entscheidungen lieber keine Risiken eingehen möchte und auf vermeintlich planbare Sicherheit setzt. Doch kann ein Finanzprodukt überhaupt als sicher bezeichnet werden? Leider ist dieses Sicherheitsdenken unter den Deutschen besonders verbreitet. Nicht umsonst

haben die Engländer den Begriff »German Angst« in ihren Sprachge-
brauch aufgenommen. Auch die US-amerikanischen Finanzinstitute
freuen sich, wenn das »Stupid German Money« wieder den Weg in die
vermeintlich sicheren und garantierten Immobilienanlagen findet, die
von manch windigen deutschen Geldinstituten angepriesen werden.

Wir tun uns keinen Gefallen, wenn wir uns der Vorstellung von ab-
soluter Sicherheit hingeben. Risikofreie Kapitalanlagen kann und wird
es niemals geben. Dabei pflegen viele dieses Sicherheitsdenken, ohne
zu wissen, was Sicherheit aus finanzieller Sicht überhaupt bedeutet.
(Dazu mehr im späteren Abschnitt: »Was ist Risiko?«)

Es ist eine sehr große Herausforderung, diese chronische Vermei-
dung von Risiken und das notorische Streben nach vorgegaukelter Sicherheit aufzubrechen und neue Wege zu gehen. Gerade die jungen
Erwachsenen sollten hier ihre eigenen Lösungen finden und nicht an
alten Verhaltensmustern ihrer Eltern festhalten. Darin liegt ihre einzige
Chance, langfristig Vermögen aufzubauen und sich finanziell von Vater
Staat unabhängig zu machen.

Was uns fehlt, ist Mut zum Risiko. Denn das, was allgemein als Risiko bezeichnet wird, ist in Wahrheit die einzige Chance, die eigenen
finanziellen Ziele zu erreichen.

Kalkuliertes und planbares Risiko ist die neue Sicherheit! Dabei besteht das Lernziel nicht darin, jegliches Risiko zu vermeiden, sondern
damit wohlüberlegt umzugehen und es souverän zu managen. Am
Ende gibt es nur eine Sicherheit: die Sicherheit, dass nichts sicher ist.
Nur das ist sicher.

Nur wer wagt, gewinnt!

Sparmentalität statt Investitionsfreude

»Du kannst dich nur befreien, wenn du erkennst, dass du selbst die Ketten schmiedest, die dich fesseln.«

GARY RENARD

Wir Deutschen sind Sparweltmeister. Zumindest beinahe. Denn unsere eidgenössischen Nachbarn aus der Schweiz sparen tatsächlich einen noch größeren Teil ihres Einkommens. Die durchschnittliche Sparquote der privaten Haushalte in Deutschland (Sparanteil bezogen auf das Nettoeinkommen) liegt dennoch im Durchschnitt der letzten Jahre bei dem beachtlichen Wert von circa 10 Prozent. Dies wäre auch genau der Wert, der langfristig nötig ist, um die Lücke zwischen der gesetzlichen Rente und dem eigenen Nettoeinkommen auszugleichen. Gerade wer sich den Wert im internationalen Vergleich ansieht, erkennt, dass andere Kulturen sehr viel ausgabefreudiger sind. Wie in der Tabellenübersicht (Abbildung 4) zu erkennen, liegen die Deutschen mit ihrer Sparquote weit vor den USA, vor Japan und auch vor ihren europäischen Nachbarn, die mit Sparquoten von 1 bis 5 Prozent vorsorgen. Beachtlich ist auch die seit 1995 generell stetig abnehmende Sparquote

Sparquoten privater Haushalte in ausgewählten Ländern (in Prozent des verfügbaren Einkommens)								
	1995	2000	2005	2010	2013	2014	2015	2016
Schweiz	14,4	15,3	14	17	19,1	20,1	19	18,7
Deutschland	11	9	10,1	10	9	9,4	9,7	10
Frankreich	10,8	10	9,4	10,4	8,7	8,7	8,9	-
Österreich	14,6	10,5	10,7	9,3	7	7	7,3	-
Tschechische Republik	6,6	6	6,1	7,6	5,6	6,6	6,6	7
USA	6,6	4,2	2,6	5,6	5	5,6	5,8	5,7
Niederlande	13	6,2	5,7	4,9	7,3	6,3	6	5,5
Belgien	14,6	10,4	8,5	8,1	4,9	4,6	4,2	-
Italien	16	7,4	9,1	4,2	3,6	3,9	3,1	3,3
Japan	11,2	8,9	3,4	3,7	0,3	-0,4	0,7	2,4
Spanien	10	5,8	3,2	3,7	3,8	3,2	2,3	1,7
Großbritannien	9,6	4,3	-0,2	5,7	0,6	0,5	0,2	-1,1
Polen	15,2	11	2,2	2,4	-0,1	-0,5	-1	-
Portugal	5,5	3,5	1,8	1,3	-0,2	-3,3	-3,9	-3,8
Griechenland	9,3	-1,4	-2,9	-6,9	-16,1	-15,3	-19,3	-

Abbildung 4: Sparquoten der privaten Haushalte im internationalen Vergleich, Quelle: Statista, OECD, Eurostat[17]

der Bürger in den einzelnen Staaten. Die Vermutung liegt hier nahe, dass die weltweite Niedrigzinsphase die Konsummotivation steigert und die Sparmotivation senkt.

Das Hauptmotiv der Deutschen beim Sparen ist die Altersvorsorge, wie Abbildung 5 zeigt. Das bedeutet, dass ein Großteil der Sparbeträge über einen sehr langen Zeitraum hinweg angespart wird.

Überraschend ist jedoch die Feststellung, dass trotz der hohen Sparquote das Nettogeldvermögen der Deutschen im europäischen sowie im internationalen Vergleich verhältnismäßig gering ist (siehe Abbildung 6). Mit 47.681 Euro Pro-Kopf-Nettovermögen liegt Deutschland hier im internationalen Vergleich vergleichsweise weit abgeschlagen auf Platz 18.

Wie passt dieser Wert nun zu der Tatsache, dass die Bundesbürger zu den eifrigsten Sparern gehören und auch im Vergleich mit den Bewohnern anderer Länder keinesfalls geringe Einkommen haben? Die *Süddeutsche Zeitung* schreibt in einem aktuellen Artikel:

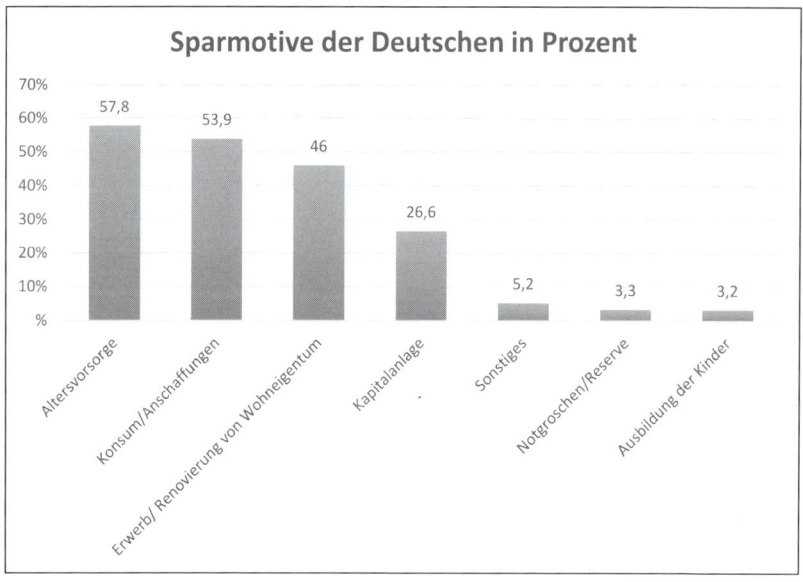

Abbildung 5: Sparmotive der Deutschen in 2017, Quelle: Statista, Verband der Privaten Bausparkassen

Nettogeldvermögen in verschiedenen Ländern Pro Kopf in Euro*			
1 Schweiz	170.589	10 Singapur	79.261
2 USA	160.949	11 Kanada	76.060
3 Großbritannien	95.600	12 Israel	71.369
4 Schweden	89.942	13 Neuseeland	67.901
5 Belgien	85.027	14 Australien	58.866
6 Japan	83.888	15 Italien	53.494
7 Dänemark	81.293	16 Frankreich	53.425
8 Taiwan	81.242	17 Österreich	51.062
9 Niederlande	80.182	18 Deutschland	47.681

* ohne Immobilienvermögen und ohne Ansprüche auf gesetzliche Rente, inkl. Ansprüche aus privater Altersvorsorge und abzüglich von Immobiliendarlehen

Abbildung 6: Nettogeldvermögen in Euro pro Kopf in verschiedenen Ländern, Quelle: *Die Welt*[18]

»Eine Erklärung für das geringe Vermögen der Deutschen ist ihre Geldanlage. Nur jeder Zehnte besitzt Aktien, aber die Mehrheit Lebensversicherungen oder Sparkonten, die oft kaum Gewinn abwerfen. Außerdem wohnen nur etwa 40 Prozent im eigenen Haus. Dagegen besitzen 70 bis 80 Prozent der Italiener und Spanier Immobilien, die einst günstig erworben wurden und zum Teil erhebliche Wertsteigerungen erfahren haben. Auch ein geringer Verdienst erklärt die Unterschiede. Laut Sachverständigenrat der Bundesregierung bilden Haushalte unter 2000 Euro Nettoeinkommen im Schnitt gar kein Vermögen. Sie verschulden sich.«[19]

Die *Süddeutsche* konstatiert, dass das Anlageverhalten ein entscheidender Faktor sei. So verwundert es auch nicht, dass die Deutschen im Vergleich auch wenig Investmentfondsvermögen besitzen. Zudem hat sich das Nettokapital über die vergangenen Jahre mit durchschnittlich 2,3 Prozent nur gering verzinst. Unsere europäischen Nachbarn sind an dieser Stelle cleverer und erreichen durch intelligente und langfristige Geldanlage weitaus höhere Jahresrenditen. Hierzu in Abbildung 7 ein ebenfalls interessantes Ranking, welches von der Allianz SE ermittelt wurde.

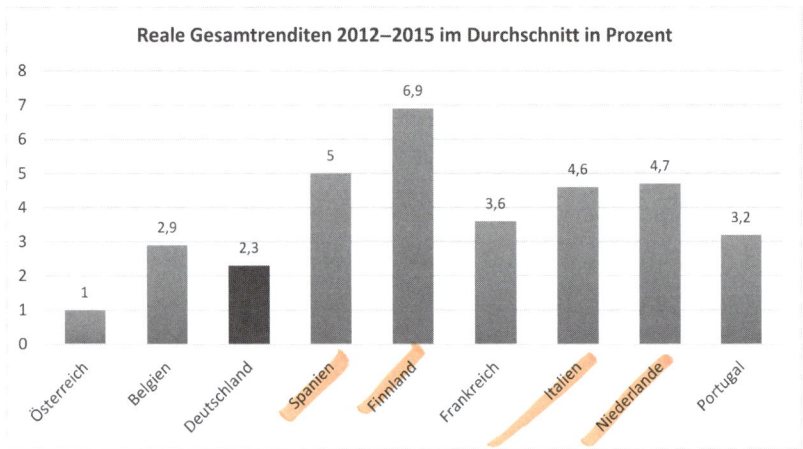

Abbildung 7: Reale Gesamtrenditen in ausgewählten Ländern, Quelle: Allianz SE[20]

Gerade auch der Blick auf die durchschnittlich in Investmentfonds investierte Summe zeigt eindeutig die Ursache für die gravierenden Renditeunterschiede. Ganz offensichtlich investiert der durchschnittliche Amerikaner, Australier oder Schweizer mehr Geldvermögen in Investmentfonds, also auch in Aktien. Genauer gesagt, landet doppelt so viel Geld in Fonds und Aktien wie beim deutschen Sparer, obwohl dieser nominal monatlich mehr Geld zurücklegt. Näheres zu dieser Statistik zeigt Abbildung 8.

Unsere Nachbarn legen weniger Geld zurück und haben dennoch mehr Vermögen. Fakt ist auch: Die Deutschen sparen sich das Geld vom Munde ab, aber trotzdem sind die Vermögenszuwächse sehr gering und meist nur auf die gute Einkommensentwicklung zurückzuführen.

Nach diesen umfangreichen Vergleichen und Rankings können wir Ihnen nur einen Rat geben, sofern Sie in den nächsten Jahren nach Inflation, Steuern und Lebenshaltungskosten Vermögen aufbauen möchten: Hören Sie auf, in Geldwerte zu sparen, und investieren Sie in Sachwerte wie Aktien und Immobilien.

Investmentfondsvermögen pro Kopf in ausgewählten Ländern 2016 in Euro

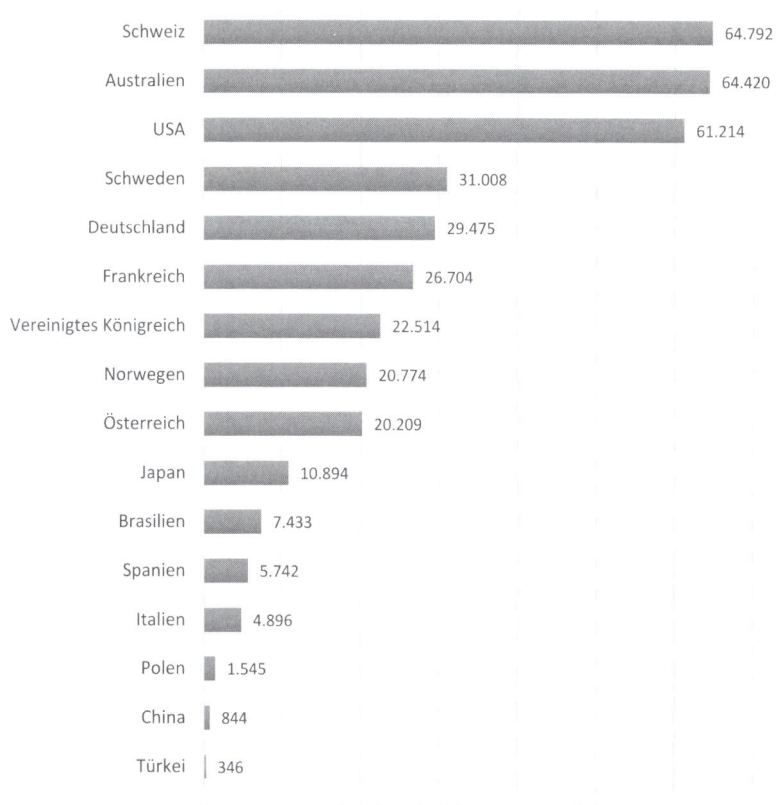

Abbildung 8: Investmentfondsvermögen pro Kopf im Vergleich, Quelle: Statista, BVI, EFAMA, Deutsche Bundesbank, Statistisches Bundesamt

Auch für diejenigen, die nicht zu den Besserverdienenden gehören, haben wir eine gute Nachricht. Nicht wer viel verdient, wird wohlhabend, sondern wer viel davon behält und investiert.

Wie mehrere Studien belegen, steigt nämlich meistens die Ausgabenseite im gleichen Verhältnis wie die Einkommensseite. Leider liegt es in unserer Natur: Je mehr wir verdienen, desto mehr geben wir aus. Selbst wenn Sie aktuell auch »nur« monatlich knapp 1000 Euro netto verdienen, können Sie ein ordentliches Vermögen erreichen. Wie das geht? Dazu möchten wir Ihnen eine kleine Beispielrechnung zeigen. Bei einem Haushaltseinkommen von 1000 Euro netto hat eine Person folgende Ausgaben:

- Miete: max. 350 Euro (Miete sollte maximal ein Drittel des Nettoeinkommens ausmachen)
- Lebenshaltung: 250 Euro
- Hobby: 50 Euro
- Freizeit: 50 Euro
- Mobilität: 100 Euro

- Cashflow: 200 Euro

Sie sehen: Wenn es irgendwie möglich ist, sollten Sie auf ein Auto völlig verzichten und Bus und Bahn fürs Pendeln zur Arbeit und für sonstige Fahrten in der Freizeit nutzen. Das Auto ist eines der größten Luxusgüter und eine der Hauptausgabenpositionen. Nicht nur Kaufpreis und Benzin, sondern auch Wartung, Inspektionen und Reparaturen machen ein Auto zu einer ausgesprochen teuren Verbindlichkeit.

Der Lohn für Ihren »Verzicht«? Die 200 Euro monatlich bescheren Ihnen über 30 Jahre, richtig investiert, bei 7 Prozent Rendite im Jahr ein Vermögen von 235.000 Euro und nach 35 Jahren sogar ein Vermögen von 344.000 Euro. Die Rendite von 7 Prozent im Jahr ist auf diese Anlagedauer sehr realistisch. Der Prozentwert kann in Einzelfällen sogar noch höher ausfallen. Hierzu werden Sie im weiteren Verlauf des Buches noch einige Beispielinvestments erhalten. Selbst wenn Sie die Inflation mit etwa 2 Prozent pro Jahr berücksichtigen, ist das Ergebnis

Ihrer Geldanlage eine nette Summe, die Sie zweifelsfrei unabhängiger von den milden Gaben des Staates machen wird.

»I always wonder why birds stay in the same place when they can fly anywhere on the earth, then I ask myself the same question.«

HARUN YAHYA

Inflationsrate

Der Begriff Inflation bezeichnet die Erhöhung der Preise für Waren und Dienstleistungen beziehungsweise die Minderung der Kaufkraft des Geldes.

Die Inflation wird in Deutschland über einen Warenkorb berechnet und schließt seit 2002 das Prinzip der sogenannten hedonischen Preisbereinigung ein. Was kompliziert klingt, bedeutet nur, dass die Qualitätssteigerung neuerer Produkte (vorwiegend IT-Produkte, aber auch Autos) in die Berechnung einfließt. Diese Leistungssteigerung wird in der Warenkorbberechnung so mit einkalkuliert, dass die betreffende Ware »günstiger« wurde, weil sie ja heute viel mehr bietet als früher. Allerdings kostet sie uns heute genauso viel oder sogar häufig mehr. Gemäß diesem Vorgehen bei der Kalkulation der Inflationsrate wurde die Ware jedoch günstiger. Die Auswirkungen dieses Verfahrens sind nicht unwesentlich, weil seit Einführung der »hedonischen Preisbereinigung« eine deutlich niedrigere Inflationsrate ausgewiesen wird.

Um eine realistische Einschätzung zu Ihrer persönlichen Inflationsrate zu bekommen, müssten Sie sich Ihren eigenen Warenkorb zusammenstellen und die Preisveränderung jedes Jahr selbst einrechnen. Die gefühlte Inflationsrate liegt in der Regel deutlich höher als die ausgewiesene Inflationsrate des Statistischen Bundesamts. Dies liegt auch daran, dass tägliche Ausgaben für Lebensmittel, Mietnebenkosten oder Verkehr in der Regel einen höheren Preisanstieg verzeichnen als teurere »Nice-to-have«-Güter wie Fernseher, Computer, Reisen oder Ähnliches.

Ob es nun 2, 3 oder 4 Prozent sind, hängt sicherlich vom Einzelfall ab. Fallen Sie jedoch bitte nicht auf die Irrlehre herein, dass wir in Deutschland in Zukunft keine Inflation/Preissteigerung zu erwarten hätten. Das ist für Produkte der Grundversorgung schlichtweg unrealistisch – und ebenso für andere Waren und Dienstleistungen.

Elementar wichtig ist für Sie ist allerdings folgende Tatsache: Bei der Inflationsrate arbeitet der Zinseszinseffekt nicht für, sondern gegen Sie. Hierzu möchten wir Ihnen drei eindrucksvolle Beispiele aus dem Alltag geben.

Beispiel 1: Eine Kugel Eis hat im Jahr 2000 etwa 1 DM gekostet und im Jahr 2015 bereits 1,50 Euro. Dies entspricht einer Preissteigerung von 300 Prozent in 15 Jahren. 20 Prozent Preissteigerung pro Jahr für eine Kugel Eis – das ist schon sehr sportlich.

Doch es geht noch mehr, wie Beispiel 2 zeigt: Wenn Sie im Jahr 2008 eines der ersten iPhones gekauft haben, dann haben Sie dieses laut offiziellen Apple-Preistabellen für etwa 675 Euro erworben (iPhone 3G). Das iPhone X wird aktuell (2018) zu einem Verkaufspreis von 1149 Euro angeboten. Dies entspricht 170 Prozent Preissteigerung in zehn Jahren, also 17 Prozent pro Jahr. Was denken Sie: Welchen Betrag werden Sie in fünf oder zehn Jahren für Ihr Smartphone ausgeben?

Das dritte und letzte Beispiel ist die C-Klasse Diesel von Mercedes-Benz, die im Jahr 1970 einen Basispreis von 26.601 DM hatte. 2018 kostet eine C-Klasse-Limousine in Basisausstattung bereits 34.248 Euro. Dies sind 257 Prozent in 48 Jahren, also 5 Prozent Steigerung pro Jahr.

Sollten Sie jetzt sagen, dass Sie beim iPhone oder bei der C-Klasse ja immerhin auch mehr Technik und Sicherheit für Ihr Geld bekommen, dann ist dieser Einwand zwar durchaus berechtigt. Die Frage lautet jedoch, ob wir das immer auch wollen. So manche technische Neuerung bringt ja nur einen sehr begrenzten Mehrwert für den Endverbraucher. Die zweite Frage lautet, ob wir die Inflationsbereinigung aufgrund solcher Technikfortschritte in der offiziellen Inflationsangabe des Statistischen Bundesamts wollen.

Sie sehen also, dass bei vielen Konsumgüterprodukten wie Lebensmitteln, Unterhaltungselektronik oder Autos die Inflation teils weitaus höher ist, als Sie denken. Die offizielle Inflationsentwicklung haben wir zum Vergleich hier in Abbildung 9 eingefügt. Bei teils starken Schwankungen tendiert der Durchschnitt zu 2 bis 3 Prozent pro Jahr. Sie müssen immer bedenken, dass Ihr Vermögen bei 3 Prozent Kaufkraftverlust pro Jahr alle 20 Jahre halbiert wird.

Abbildung 9: Inflation in Deutschland historisch, Quelle: Triami Media/Home Finance[21]

Ebenfalls sehr interessant ist der Kaufkraftverlust in Deutschland und den USA seit den 1950er-Jahren. Kaufkraftverluste von über 90 Prozent seit 1950 in den USA und bis zu 80 Prozent in Deutschland in der jeweiligen Währung sind in Abbildung 10 zu sehen. Dieser kontinuierlichen Entwicklung nach unten, gilt es entgegenzuwirken.

Damit Sie für sich ganz persönlich erfahren, welche Auswirkung die Preissteigerung hat, stellt das Statistische Bundesamt ein kostenloses Online-Tool zur Verfügung. Darin können Sie ...

- Ihre ganz individuelle Güterauswahl vornehmen (Was kaufen Sie, was kaufen Sie nicht? Wie oft kaufen Sie das jeweilige Gut und in welcher Menge?);
- Ihre Gewohnheiten einbeziehen (Rauchen Sie? Oder geben Sie kein Geld für Zigaretten aus? Haben Sie teure Hobbys oder etwa eine angemietete Zweitwohnung zum regelmäßigen Besuch pflegebedürftiger Verwandter?);
- anhand dieser Eingaben die historische persönliche Preissteigerung für Ihren ganz persönlichen Warenkorb berechnen.

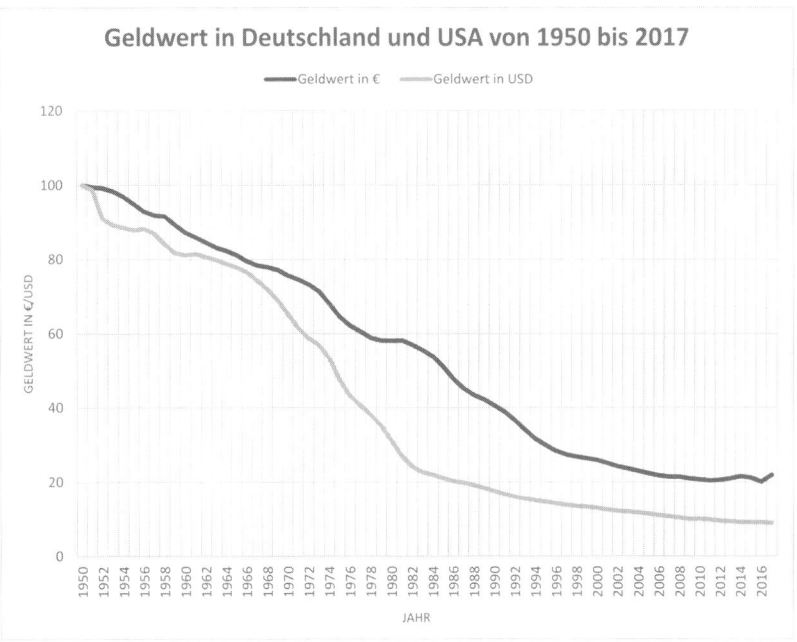

Abbildung 10: Kaufkraftverluste von 1974 bis 2015 in Deutschland und USA, Quelle: Statistisches Bundesamt

Dies sollten Sie einmal tun, damit Sie wissen, wie hoch Ihre Rendite auf Ihr Vermögen mindestens sein sollte, um mit Ihrem Vermögen zumindest einen Kaufkrafterhalt zu bewerkstelligen. Das Tool finden

Sie im Internet unter folgender Adresse: https://www.destatis.de/DE/ ZahlenFakten/GesamtwirtschaftUmwelt/Preise/Verbraucherpreisindizes/WarenkorbWaegungsschema/Content75/PersoenlicherInflationsrechnerUebersicht.html.

Finanzielle Bildung

»Die Wahrheit ist für diejenigen erreichbar, die den Mut haben, das zu hinterfragen, was ihnen gelehrt wurde.«

UNBEKANNTER VERFASSER

Was lernen wir in der Schule und Hochschule? Wir lesen Gedichte von Eichendorff und können sie in vier verschieden Sprachen interpretieren. Wir lernen die Geschichte der Römer oder der Kelten und können am Ende unserer Schullaufbahn die Ereignisse der Französischen Revolution im Schlaf herunterbeten. In den Universitäten und Hochschulen folgen dann für die Wirtschaftsstudenten die Lehren vom Homo oeconomicus und den Konjunkturzyklen. Nach dem ganzen Auswendiglernen in der Schule und Hochschule gönnen wir uns abends auch einmal eine Pause und schalten einfach vor dem TV ab. Wir »bilden« uns dann lieber anhand von Inhalten wie *Germany's Next Topmodel*, dem *Dschungelcamp* oder anderen seichten Unterhaltungsshows, natürlich auch, um bei Gesprächen in privaten Kreisen mitreden zu können. Die Themen Investment, Börse, Vermietung, Steuern und Finanzen bleiben für die Mehrzahl der Menschen ein einziges großes Mysterium, welches sie in ihrem ganzen Leben nicht entschlüsseln werden.

Wer nicht einmal eine ungefähre Vorstellung davon hat, was an der Börse so passiert, fürchtet sich verständlicherweise davor. Die betreffende Person legt ihr Geld lieber »sicher« an. Dabei soll die Schule selbstverständlich in erster Linie ein breites Wissen vermitteln und dazu dienen herauszufinden, was ein jeder Schüler später machen und wie er sein Leben gestalten möchte. Auch in der Hochschule muss der Fokus des Lernstoffs natürlich auf dem jeweiligen Fachgebiet liegen. Es wäre auch nicht richtig, die Schüler und Schülerinnen zu Börsenexperten auszubilden.

Nein, es sollte vielmehr darum gehen, ein finanzielles Grundverständnis zu erwerben. Nötig wäre die Vermittlung einer Geisteshaltung im Hinblick auf den Umgang mit Geld, Schulden, Einnahmen und Ausgaben. Der Grundstein für eine solide finanzielle Ausbildung würde dann in der Schule gelegt, und die Hürde für den jungen Erwachsenen, sich mit diesen Dingen zu befassen, wäre nicht hoch. Leicht fände man dann einen Einstieg in späteren Jahren, um sich gekonnt durch den persönlichen Finanzdschungel zu bewegen.

Doch so ganz ohne das Thema Finanzen und Börse durchlaufen die Schüler ihre Schulkarriere dann doch nicht. An das berühmt-berüchtigte »Börsenspiel« in der Schule werden sich einige ehemalige Schüler sicher dunkel erinnern können. Das war oft der einzige Kontakt junger Leute zu Aktien und Börse. Die Frage ist jetzt nur, was das Ganze bei den Schülern über Aktien und Börse vermittelt. Die Schüler wissen am Anfang gar nicht so recht, was sie tun sollen, und stellen nach der Zufallsmethode ein Aktienportfolio zusammen. Am Ende hat dann nach einigen Wochen derjenige Schüler gewonnen, bei dem sich das Portfolio zufälligerweise innerhalb des kurzen Zeitabschnitts am besten entwickelt hat. Das Vorurteil, dem zufolge Gewinne an der Börse durch Aktien sehr viel mit Glück und Zufall zu tun haben, festigt sich bei den Schülern.

Wissen und Erkenntnisse über langfristiges Investment, über breit gestreute Aktien-, Fonds- und ETF-Portfolios, die oft erst nach mehr als sieben Jahren Anlagedauer das passende Chance-Risiko-Verhältnis haben, werden in keiner Weise vermittelt.

Den 90 Prozent der Schüler, die über die kurze Zeit des Planspiels Börse eher keinen Gewinn erzielen oder die sogar einen Verlust machen, fällt es dann natürlich zunehmend schwer, ein positives Bild von der Aktienanlage zu behalten. Dadurch wird schon früh der Grundstein für die fehlende Aktien- und Investmentkultur gelegt und das Bestreben nach »Sicherheit« in der Geldanlage bestärkt.

Der viel bessere Weg bestünde darin, die jungen Menschen einzuladen, sich mit finanziellen Themen zu beschäftigen, das Interesse zu wecken und vor allem Ängste und Bedenken abzubauen. Unbehagen beim Umgang mit Geld sollte erst gar nicht entstehen, denn solches Unbehagen liegt im Nichtwissen begründet, und das Nichtwissen führt allzu oft zu einer wirklichen Risikoaversion.

Klar ist aber auch: Die staatliche Bildung kann diese Wissensvermittlung nicht allein übernehmen. Vielmehr wird es eine Mischung aus Schulunterricht, privaten Kursen, Angeboten von Finanzinstituten, Büchern, Onlineseminaren und -videos sowie Informationen durch Verbraucherzentralen sein, die langfristig eine Änderung der Geisteshaltung gegenüber der Geldanlage bewirken kann.

Die Deutschen und ihre Finanzen

Zahlen und Fakten

Während der Staat unglaubliche Schulden angehäuft hat und mittlerweile mit rund 2 Billionen Euro in der Kreide steht, konnten die Privatpersonen in Deutschland in den letzten Jahrzehnten einen starken Vermögenszuwachs verzeichnen. So wuchs das Privatvermögen der Deutschen seit 1990 von 1,9 Billionen Euro um über 400 Prozent auf circa 7 Billionen Euro. Wenn man den Immobilienbesitz hinzurechnet, so sind es sogar über 12 Billionen Euro, wie Abbildung 11 verdeutlicht.

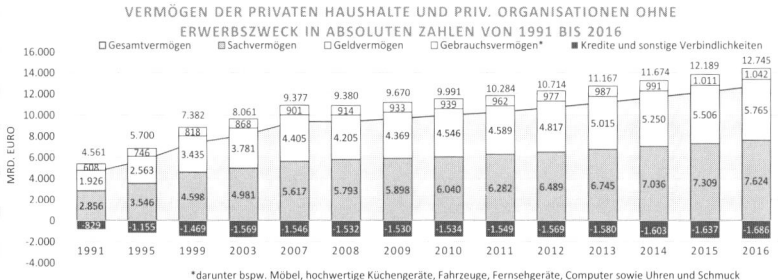

Abbildung 11: Vermögen der Deutschen inklusive Immobilien bis 2016, Quelle: Bundeszentrale für politische Bildung

Von den 6 Billionen Euro Geldvermögen liegen jedoch 40 Prozent, also 3 Billionen Euro, auf niedrig verzinsten Konten wie Girokonten, Sparbüchern oder Tagesgeldkonten – Tendenz steigend. 30 Prozent des Vermögens ist in Lebensversicherungen angelegt, also indirekt zumeist in niedrig verzinste Anleihen investiert.

Die Anlageform, mit der sich nachweislich langfristig am besten ein ansehnliches Vermögen aufbauen lässt, ist nicht sehr beliebt. Lediglich 300 Milliarden Euro sind in Aktien und Fonds investiert. Das sind gerade einmal 7 Prozent des Gesamtvermögens.

Eine Umfrage des Meinungsforschungsinstituts Forsa unter 500 deutschen Anlegern im Alter von 19 bis 59 Jahren hat ergeben, dass sich lediglich 19 Prozent gerne mit ihren Finanzangelegenheiten beschäftigen. Die restlichen Befragten sehen das Thema neutral oder meiden es lieber. Einleuchtend ist dann auch, dass nur jeder Fünfte angibt, sich gut mit dem Thema Finanzen auszukennen. Für die Deutschen ist es einfach wichtig zu sparen, aber mehr auch nicht. Sich darüber hinaus noch über intelligente Geldanlagen Gedanken zu machen erfreut die wenigsten Sparer.

Das Finanzwissen ist zudem nach eigener Einschätzung in der Einkommensklasse unter 1300 Euro monatlich noch geringer. Hier geben lediglich 3 Prozent an, sich gut mit Finanzen auszukennen. Das ist sehr erschreckend, da speziell Geringverdiener eine intelligente Vermögensbildung nötig hätten.

Am Ende ist den weitaus meisten deutschen Bürgern (71 Prozent) bei Finanzthemen am wichtigsten, ein gutes Bauchgefühl zu haben. Dieses wird dann in der Regel durch vermeintliche Sicherheit erzeugt. So ist auch der hohe Anteil an schwankungsarm angelegtem Geld zu erklären. 63 Prozent der Deutschen ist der Aspekt der Sicherheit bei der Geldanlage am wichtigsten. Verfügbarkeit und Gewinnerzielung folgen dann mit 25 Prozent und 10 Prozent. Steuerliche Vorteile stellen für 2 Prozent der Umfrageteilnehmer die wichtigste Triebfeder dar.[22]

Der Sicherheitsaspekt wird im Land der Häuslebauer und Extrem-Bausparer großgeschrieben. Risiko bei der Geldanlage gefällt den Deutschen überhaupt nicht. Und wie sollte es auch anders sein, wenn die wenigsten Sparer überhaupt wissen, was Risiko im Finanziellen bedeutet.

Am Ende ist es leicht zu verstehen, dass lediglich 30 Prozent der Deutschen es als sinnvoll erachten, einen kleinen Teil ihres Geldes in chancenreiche Anlagen zu investieren. Denn 90 Prozent der Befragten legen ihr Geld gar nicht in erster Linie mit dem Ziel der Gewinnerzielung an. Die Chancenorientierung bei der Geldanlage stößt sogar verstärkt bei den jungen Erwachsenen unter 30 auf Ablehnung. Diese scheuen sich noch mehr vor dem imaginären Risiko.

Es erklärt sich also wie von selbst, warum auch in der heutigen Zeit scheinbar sichere Geldanlagen wie Bausparverträge, Sparbuch oder Girokonto und klassische Lebensversicherungen mit vielen Garantien boomen, wie sie es schon seit Jahrzehnten getan haben. Auch wenn diese Anlagen nachweislich Geldvernichtung durch Verzinsung unterhalb der Inflationsrate bedeuten, denken 69 Prozent der Deutschen gar nicht daran, ihre bestehenden Geldanlagen zu hinterfragen. Sie verlassen sich auf vermeintlich Altbewährtes.

Man kann nur schwer nachvollziehen, von welch widersprüchlichen Gedanken sich viele bei ihrer Geldanlage leiten lassen. Einerseits woll(t)en die Deutschen, die sich früher schon an die Börse gewagt haben oder heute noch wagen, häufig innerhalb eines Jahres eine Verdopplung des Einsatzes erreichen. Andererseits geben sich dieselben Menschen umgekehrt bei der Geldanlage mithilfe von Lebensversicherungen und Bausparverträgen über den langen Zeitraum von 10 bis 40 Jahren mit Verzinsungen von 1 bis 4 Prozent pro Jahr zufrieden. Das ist völliger Irrsinn.

Klar ist: Viele Deutsche sehen Börseninvestments als reine Spekulation an. Mit dem Gedanken an die Börse verbinden sie nicht das langfristige Investment. Es erklärt sich dann schon fast von selbst, dass sich in den Jahren 2013 bis 2016 fast 600.000 deutsche Anleger von der Börse abwandten, obwohl sich der DAX seitdem im Wert fast verdoppelt hat. Heute sind 8,97 Millionen Deutsche an der Börse investiert. Das sind 14 Prozent der Bevölkerung und damit jeder siebte Bürger. Es sind jedoch auch 30 Prozent weniger als im Jahr 2001. Junge Menschen (20 bis 29 Jahre) investieren noch weniger. Lediglich 8 Prozent der jüngeren Generation teilen die Meinung, dass Aktien in die Vermögensaufstellung hineingehören.[23]

Wir müssen feststellen: Wir Deutschen sind einfach Aktienmuffel. Wir bleiben bei alten Denkmustern, auch wenn sie bereits weit überholt sind und uns nur noch Nachteile bringen.

Auf den folgenden Seiten zeigen wir Ihnen die beliebtesten Finanzprodukte der Deutschen und warum Sie diese größtenteils lieber meiden sollten.

Beliebte Finanzprodukte der deutschen Sparer

Der Bausparvertrag

Die Risikoaversion und das Misstrauen gegenüber schwer verständlichen Finanzprodukten sind bei den Deutschen historisch bedingt sehr groß. Der Mittelzufluss in Aktien und Aktienfonds wird in Deutschland immer geringer. Dagegen steigt die Anlage in eines der beliebtesten Finanzprodukte der Deutschen, den Bausparvertrag, seit Jahren ungebrochen. Jeden Tag werden in Deutschland ca. 6000 neue Verträge abgeschlossen, was im Jahr zu einer Zahl von rund 2 Millionen Neuverträgen führt.[24] Insgesamt beläuft sich die Bausparsumme in den etwa 30 Millionen existierenden Bausparverträgen auf circa 800 Milliarden Euro.[25] Rund die Hälfte davon, also etwa 400 Millionen Euro, entfällt auf das Sparguthaben, also die eigentliche Geldanlage. Dies entspricht fast dem halben Börsenwert der 30 größten deutschen Aktienunternehmen.

Bedenkt man das notorische Misstrauen der deutschen Anleger bei ihren finanziellen Entscheidungen, ist es lediglich mit einer gewissen Ironie nachvollziehbar, dass derart hohe Geldbeträge in eines der intransparentesten Produkte der Finanzbranche gesteckt werden. Woher rührt dieses Vertrauen in den Bausparvertrag?

Neben dem Sparbuch ist der Bausparvertrag meist eines der ersten Finanzprodukte, die Eltern oder Großeltern dem Nachwuchs mit auf den Weg geben.

Da sich immer weniger Menschen mit der Geldanlage überhaupt etwas genauer beschäftigen wollen, werden Entscheidungen, wenn überhaupt, meist aus dem Bauch heraus gefällt. Da wirkt dann der sogenannte Nivea-Effekt: Etwas, was seit Jahren noch keinem geschadet hat, muss ja auch in Zukunft funktionieren und kann gar nicht so schlecht sein. Doch wie funktioniert ein Bausparvertrag eigentlich?

Bei einem Bausparvertrag unterscheidet man zwischen der Ansparphase und der Tilgungsphase, siehe Abbildung 12. Zunächst einmal entscheidet sich der Sparer für eine Bausparsumme. Diese liegt meist zwischen 50.000 und 100.000 Euro. Von dieser Summe werden in der Ansparphase, die in der Regel zehn bis 20 Jahre in Anspruch nimmt, 40 bis 50 Prozent mit einer sehr geringen Verzinsung von aktuell 0,1 bis 1 Prozent angespart. Sobald der Bausparvertrag nach der Ansparphase zuteilungsreif wird, kann der restliche Betrag der Bausparsumme mit einem »zinsgünstigen« Kredit aufgenommen werden. Auf die gesamte Bausparsumme werden zunächst die Abschlussgebühren fällig. Diese schlagen bei den meisten Bausparkassen mit 1 bis 1,6 Prozent zu Buche. Dazu kommen Kontoführungsgebühren von jährlich 5 bis 10 Euro, Zuteilungsgebühren, Bearbeitungskosten und bei einigen Bausparkassen auch die Kosten des Bausparmagazins für den Eigenheimplaner. All diese Kosten schmälern natürlich den Ertrag, den der Vertrag abwirft, sofern hier überhaupt von Ertrag die

Rede sein kann. Auch wenn viele deutsche Sparer denken, mit einem Bausparvertrag sicher Geld sparen zu können, so ist doch meist genau das Gegenteil der Fall. Man spart sich gewissermaßen arm. Die Abschlussgebühr zahlen Sie als Bausparer gleich zu Beginn auf die gesamte Bausparsumme. Zusammen mit all den anderen jährlichen Gebühren in einem Vertrag sorgen sie oft dafür, dass Sie in den ersten Jahren effektiv Verlust machen. Das gilt sogar bei einer Betrachtung, bei der der Kaufkraftverlust durch die Inflation von etwa 2 Prozent jährlich unberücksichtigt bleibt.

Damit es noch eindeutiger wird, hier ein Beispiel: Bei Abschluss eines Vertrags über 100.000 Euro, einer monatlichen Einzahlung von 400 Euro und 1 Prozent Guthabenszins zehrt die Abschlussgebühr von 1000 Euro die Zinserträge der ersten 6 bis 7 Jahre komplett auf. Diese Rechnung stimmt allerdings nur, sofern der Bausparer in den ersten Jahren seiner Bausparkasse auch einen Freistellungsauftrag erteilt hat. Ansonsten mindert die Kapitalertragssteuer die Zinsen nochmals um weitere 26,375 Prozent (bzw. 28 Prozent mit Kirchensteuer), und die zinslose Zeit dehnt sich auf acht Jahre aus. In der Tat kommt dieser Fall in der Praxis erfahrungsgemäß sehr häufig vor. Bezieht man zusätzlich die Inflation ein, so erkennt man auch ohne allzu umfassende finanzielle Kenntnisse sehr schnell, dass diese Art des Sparens effektiv eine negative Vermögensentwicklung zur Folge hat. In den allermeisten Fällen ist sie nicht sinnvoll, sofern der Sparer das Ziel des Vermögenszuwachses anstrebt.

Doch warum entscheiden sich dennoch täglich etwa 6000 Menschen in Deutschland für den Abschluss eines solchen Vertrags?[26]

Neben der Nutzung als reine Sparanlage ist der Traum von den eigenen vier Wänden eine große Motivation für den Bausparvertrag. Gekauft wird in diesem Fall nicht ein Sparprodukt, sondern der Traum vom Eigenheim. Es scheint ja selbstverständlich auf der Hand zu liegen, dass der Bausparvertrag die einzige Möglichkeit ist, sich diesen

Traum einmal zu erfüllen. Der Begriff Bau-spar-vertrag besteht aus drei separaten Begriffen. Schauen wir uns diese drei Begriffe einmal genauer an.

Ein Bausparvertrag wird zum **Bauen** eines Eigenheims abgeschlossen. Doch was für ein Eigenheim können Sie mit einer durchschnittlichen Bausparsumme von 70.000 Euro bauen? Sofern Ihnen die Doppelgarage als Eigenheim genügt, kommen Sie mit 70.000 Euro aus. Andernfalls stehen Sie vor der Herausforderung, das restliche Geld als zusätzlichen Kredit aufnehmen zu müssen. Bauen mit einem Bausparvertrag wird sich daher eher als schwierig herausstellen.

Der zweite Grund, das **Sparen** mithilfe eines »sicheren« Produkts, ist äußert zweifelhaft. Wie anfangs beschrieben, sparen Sie sich garantiert arm, da Inflation und Gebühren die mageren Zinserträge schlichtweg zunichtemachen.

Ein **Vertrag** ist in der Regel eine Vereinbarung, aus der beide Vertragspartner einen Vorteil beziehen. Er sollte im optimalen Fall eine Win-win-Situation herbeiführen. Auch bei genauerer Betrachtung ist diese Win-win-Situation hier aber kaum erkennbar. Der Bausparvertrag ist vielmehr eine einseitige Win-Situation für die 22 Bausparkassen in Deutschland. Durch die fehlende staatliche Regulierung haben es die »Anlageberater« der Banken sehr leicht, Bausparverträge zu verkaufen, da der Aufwand und die Haftungsrisiken eines Beratungsprotokolls nicht notwendig sind. Dazu kommt noch, dass die fälligen Abschlussgebühren direkt vom Konto des Sparers abgebucht werden. Sie richten sich nach der Höhe der Bausparsumme und verursachen anschließend sehr wenig Folgeaufwand für die Berater.

Es zeigt sich, dass ein Bausparvertrag sich am Ende eher für die Bank lohnt und weniger für den Kunden.

Die Ziele der im Wort Bausparvertrag enthaltenen Begriffe sind für den Kunden nur bedingt zu erreichen.

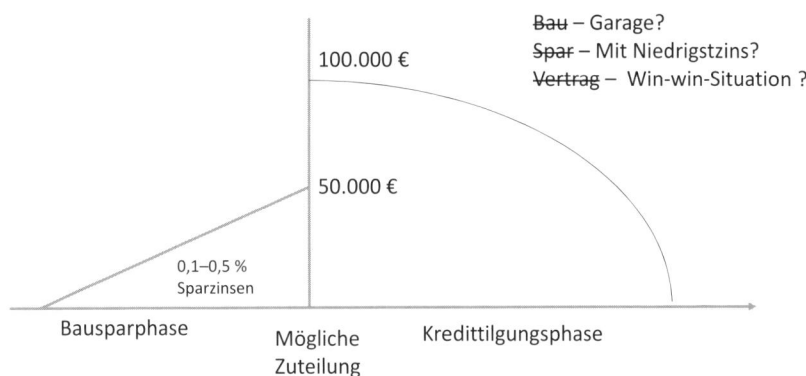

Abbildung 12: Prinzip des Bausparvertrags, Quelle: eigene Darstellung

Jetzt sagen die etwas erfahreneren Leser dieses Abschnitts vermutlich, dass sich die »alten« Bausparverträge mit Zinsen von mehr als 4 Prozent sehr wohl noch lohnen, da aktuell bei keiner sicheren Geldanlage Zinseinkünfte in dieser Höhe verbucht werden können. Das klingt auch zunächst einmal nachvollziehbar. Allerdings wollen natürlich die Bausparkassen auch noch Geschäfte machen. Da sie nur sehr schwer die Zinsen der alten, hochverzinsten Bausparverträge erwirtschaften können, werden diese aktuell reihenweise einseitig gekündigt. Das geht doch nicht, sagen Sie vielleicht. Die Karlsruher Richter am Bundesgerichtshof urteilten hier anders (Az.: XI ZR 272/16 und XU ZR 185/16). Sie entschieden, dass »jeder Darlehensnehmer nach Ablauf von zehn Jahren nach Empfang eines Darlehens die Möglichkeit haben soll, sich durch Kündigung vom Vertrag zu lösen«. Die Voraussetzungen des Kündigungsrechts liegen vor, sofern die Bausparsumme komplett angespart wurde oder der Vertrag seit nunmehr zehn Jahren zuteilungsreif ist. Eine Kündigungswelle durch die Bausparkassen für die alten, gut verzinsten und seit Jahren zuteilungsreifen Bausparverträge ist in vollem Gange. Der BGH sagt weiter, dass es dem Sinn und Zweck des Bausparens widerspreche, einen Vertrag über mehr als zehn Jahre als reine Sparanlage laufen zu lassen. Als Kunde hat man dann nur noch geringe Chancen, dem zu widersprechen.[27] Für alle Verträge mit hoher Verzinsung und ohne volle Ansparsumme gilt teilweise das Gleiche. Die Bausparkassen versuchen, einseitige Kündigungen durchzusetzen, um sich so von der Zinszahlungslast im aktuellen Niedrigzinsumfeld zu befreien. Im gleichen Zuge werden niedriger verzinste Produkte als Folgevertrag angeboten. Wer als Kunde annimmt, wird abermals übervorteilt.[28] Letztlich liegt die Entscheidung bei Ihnen. Der Bausparvertrag hat seine besten Jahre hinter sich. Sie haben die Wahl, dieses Spiel weiter mitzuspielen oder sich auf neue Wege zu begeben, um als Anleger wirklich von einem Vermögenszuwachs zu profitieren mit einer Geldanlage, aus der Sie nicht einfach »herausgekündigt« werden können.

Wenn Sie sich nun als junger Erwachsener den Traum eines Eigenheims erfüllen oder für einen anderen Wunsch ein gewisses Kapital ansparen möchten, so gibt es eine intelligentere Alternative zum Bausparvertrag.

Statt 15 Jahre lang monatlich in einen Sparvertrag einzuzahlen, dessen Rendite garantiert unterhalb der Inflation liegt und der zusätzlich sehr hohe Abschlussgebühren mit sich bringt, können Sie über denselben Zeitraum mit einem Fonds- oder ETF-Sparplan ein weitaus größeres Vermögen aufbauen. Greifen wir das bereits erwähnte Beispiel nochmals auf: Wir investieren monatlich 400 Euro über 15 Jahre breit gestreut in verschiedene Fonds und partizipieren an der weltweiten Wirtschaftsentwicklung. Dadurch wächst das Vermögen nach 15 Jahren und einer durchschnittlichen jährlichen Rendite von 5 Prozent nach Inflation auf circa 100.000 Euro.

Wenn der Traum vom Eigenheim immer noch aktuell ist, können Sie als Sparer mit einem Eigenkapital von 100.000 Euro zur Bank Ihrer Wahl gehen und sich einen Kredit zu einem günstigen Zinssatz anbieten lassen. Die Chancen darauf stehen mit 100.000 Euro Eigenkapital nicht schlecht. Bei diesem Vorgehen ist am Ende auch tatsächlich ein ansehnliches Haus statt einer kleinen Doppelgarage möglich.

Allen Nachteilen zum Trotz ist der Bausparvertrag in Deutschland eine Art Allzweckwaffe für die Geldanlage. Er ist weiterhin so beliebt, dass die Bausparkassen sogar wieder Zuwächse verzeichnen.[29] Die Sparer glauben, basierend auf der sozialen Bewährtheit dieser Anlageklasse und der meist positiven Grundhaltung in der Familie gegenüber Bausparverträgen, am Ende vielleicht nicht alles richtig, aber zumindest wenig falsch zu machen. Diese Einstellung vieler deutscher Sparer beschert ihnen nachweislich über die Jahre hohe Vermögensverluste, die eindeutig vermeidbar wären.[30]

Die Kapitallebensversicherung (KLV) oder private Rentenversicherung

Kein anderes Produkt ist so beliebt bei den Deutschen wie die kapitalbildende Lebensversicherung bzw. Kapitallebensversicherung (KLV), die auch als klassische Rentenversicherung angeboten wird. Der Großteil der Deutschen versucht, damit für den Ruhestand vorzusorgen. In Deutschland bestehen knapp 90 Millionen Verträge. Alle sechs Sekunden wird hierzulande ein neuer Vertrag abgeschlossen. Sie glauben, Sie haben keinen?

Schauen Sie sich Ihre Versicherungsunterlagen genauer an![31] Viele Menschen wissen überhaupt nicht, dass sie eine kapitalbildende Versicherung besparen. Auf der »Verpackung« steht nämlich Riester- oder Rürup-Versicherung, Direktversicherung, private Rentenversicherung, Sterbegeld- oder Aussteuerversicherung.

Wenn Sie einen solchen Vertrag mit der Motivation hoher Sicherheit und fester Garantie abgeschlossen haben, werden auch Sie mit hoher Wahrscheinlichkeit dieser Gruppe angehören. Denn als Anlagekern (Motor) all dieser Verträge wird meistens eine klassische Kapitellebens- oder Rentenversicherung gewählt. Aber wenn es doch so beliebt ist, kann es ja nicht schlecht sein. Das ist aber leider ein Trugschluss!

In den 1980er-Jahren, als es auch noch bei klassischen Lebensversicherungen Kapitalzinsen von 5 bis 7 Prozent in den genannten Verträgen gab, berichtete der Bund der Versicherten (BdV) über diese Sparform und betitelte sie als »legalen Betrug«. Dazu gab der BdV im Jahre 1982, zusammen mit der Verbraucherzentrale Hamburg, eine Broschüre mit dem Titel »Versicherung Kapital-Lebensversicherungen ›Legaler Betrug‹« (Az. 74 047/83) heraus. Der in Abbildung 13 gezeigte Ausschnitt fasst die Thematik zusammen.[32]

Als die Versicherungskonzerne juristisch dagegen vorgingen, stufte das Landgericht Hamburg in einem für die Branche vernichtenden Urteil die Bezeichnung »legaler Betrug« als rechtens ein!

»Die Lebensversicherung zur Altersversorgung ist ein „Legaler Betrug". Diese Kapital-Lebensversicherung ist zu neunzig Prozent überhaupt keine Versicherung, sondern ein langfristiger Sparvertrag mit einer Rendite, die oft unter der Inflationsrate liegt und dann gleich Null ist.

Mit den Geldern, die Lebensversicherte langfristig hingeben, verschaffen sich die Unternehmen aber inflationssichere Kapitalanlagen mit hohen Wertsteigerungen, an denen die Versicherten nur selten beteiligt werden.

Und der Staat verschafft sich hier billige langfristige Kredite, so dass man Beiträge für Kapital-Lebensversicherungen in vielen Fällen auch als „Steuer für Dumme" bezeichnen kann, die man hier mit angeblichen Steuervorteilen (die kaum zum Tragen kommen) zur langfristigen Geldhingabe verführt.

Millionen Bundesbürger haben durch den Abschluss falscher Kapital-Lebensversicherungen Zigmilliarden Mark verloren – vor allem beim vorzeitigen Aussteigen aus diesen Verträgen und die dann meist sehr geringe Beitragsrückzahlung. Gewinner sind Staat und Lebensversicherungsunternehmen, die hier Hand in Hand arbeiten.«

Abbildung 13: Ausschnitt aus einer BdV-Broschüre zu Kapitallebensversicherungen aus dem Jahr 1982, Quelle: Gegen Altersarmut

Zur Begründung führte es aus, dass weder die genauen Kosten noch die Investments bekannt seien, dass die Versicherer ihre Kunden nach eigenem Gutdünken an den Gewinnen der Anlagen beteiligten und dass diese Policen für einen Sparvertrag mit einer solch langen Laufzeit erbärmliche Renditen auswiesen.

Aber was ist eine Kapitallebensversicherung nun genau, und wie funktioniert sie? Es handelt sich um einen langfristigen Sparvertrag. Wir bekommen schon heute eine garantierte Ablaufleistung und zudem eine prognostizierte, nicht garantierte Ablaufleistung ausgewiesen. Die Vergangenheit zeigt, dass die prognostizierte Ablaufleistung nur sehr selten erreicht wird und die tatsächliche Leistung fast immer deutlich niedriger liegt. Was wissen wir noch? Wir wissen, dass der Garantiezins bei neu abgeschlossenen Verträgen aktuell bei 0,9 Prozent liegt und in aller Regel ein Todesfallschutz eingeschlossen ist. Dies bedeutet, dass bei vorzeitigem Ableben der versicherten Person die Angehörigen eine Leistung, meist in Höhe der garantierten Ablaufleistung, ausgezahlt bekommen. Das war es in der Regel auch schon, was aus einem solchen Vertrag herausgelesen werden kann.

Ein solcher Vertrag bringt meist hohe Kosten mit sich, die sehr intransparent ausgewiesen werden. Hier ist eine Unterscheidung zwischen Verwaltungs- und Vertriebskosten auf der einen sowie der Risikoprämie für den Todesfallschutz auf der anderen Seite zu treffen. Dazu kommt, dass sehr häufig Zusatzversicherungen wie Unfall- oder Berufsunfähigkeitsschutz ebenfalls in solchen Verträgen inbegriffen sind.

Der Garantiezins von aktuell schon bescheidenen 0,9 Prozent gilt leider nicht für die insgesamt eingezahlten Beiträge, sondern nur auf den Sparanteil, also den Teil, der nach Abzug der Kosten (ca. 20 bis 30 Prozent) übrig bleibt.

In der Praxis liegt dann die Garantieverzinsung bei weit unter 0,9 Prozent. Die Inflation ist hierbei noch nicht einkalkuliert. Also machen Sie mit einem solchen Sparprodukt garantiert Verluste.

Jetzt haben wir ja aber noch die erwartete Ablaufleistung, die über den garantierten Mindestzins hinausgeht. Wie kommt sie nun zustande? Nun ja, die Gesellschaft investiert das Geld der Kunden selbstverständlich, und falls der Erfolg dieser Geldanlage größer ist als das Garantieversprechen, wird der Kunde daran beteiligt. Allerdings kauft sie von den Beiträgen der Kunden zum Großteil »sichere« Staatsanleihen. Und die Verzinsung dieser Anleihen ist auf einem historischen Tiefstand. Nur ein weitaus geringerer Anteil wird in Immobilien oder Aktien investiert, und daran wird der Kunde nur zu einem kleinen Teil beteiligt.

Keiner der Lebensversicherer lässt sich offen in die Karten schauen, wie das Portfolio seiner Lebensversicherungs-Policen aussieht.

Wenn es Ihnen darum geht, Ihre Angehörigen abzusichern, dann können Sie dies meist für weit weniger als 10 Prozent der Kosten tun, die Sie bei einer kapitalbildenden Lebensversicherung aufwenden müssten, nämlich über eine deutlich günstigere Risikolebensversicherung. Diese zahlt nur im Todesfall, aber nicht bei Fälligkeit.

»Aber die klassische Lebensversicherung ist doch wenigstens sicher«, werden Sie jetzt vielleicht einwenden. Aber auch das stimmt nur bedingt.

Aufgrund der aktuellen Lage bei Staatsanleihen, vorwiegend im südlichen Euroraum, können wegen der bereits angesprochenen Anlagepolitik mit Schwerpunkt Anleihen schnell hohe Risiken entstehen. Wenn es zu Ausfällen am Anleihemarkt käme, hätte dies große negative Konsequenzen für den deutschen Lebensversicherungskunden.

Aus diesen Gründen raten wir dringend davon ab, eine Kapitellebens- oder private Rentenversicherung abzuschließen. Und wir sind damit nicht allein. Selbst der weltweit größte Versicherer, die Allianz, rät von ihrer eigenen klassischen Kapitallebensversicherung ab. Wer diese trotzdem noch kauft, der ist wirklich selbst schuld.[33]

Bei bereits laufenden Verträgen mit höheren Garantiezinsen (bis zu 4 Prozent gab es in den Jahren vor 2005) ist die Sache nicht ganz so einfach. In diesen Fällen muss genau geprüft werden, ob und inwieweit sich das weitere Sparen in einen solchen Vertrag noch lohnt.

Die erläuterte Praxis und die beschriebenen Details haben wir für Sie noch einmal in der folgenden, selbsterklärenden Grafik dargestellt (siehe Abbildung 14).

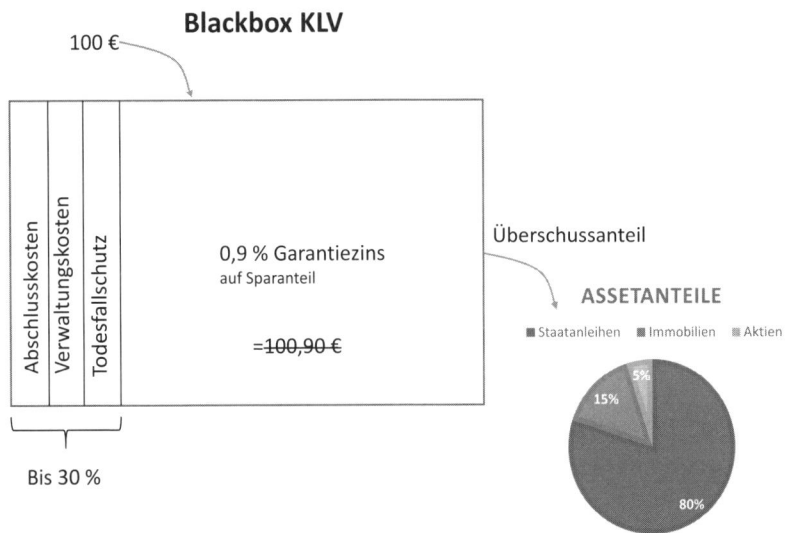

Abbildung 14: Blackbox Kapitallebensversicherung (KLV), Quelle: eigene Darstellung

Sparbuch und Tagesgeldkonto

Das Sparbuch, das Girokonto und auch das Tagesgeldkonto gelten in Deutschland als sicher, flexibel und stabil. Das ist alles, was sich der deutsche Sparer wünscht. Doch diese scheinbaren Vorteile erkauft er sich zu einem teuren Preis. In beiden Produkten tendiert die Verzinsung seit Jahren gen null. Zudem ist das Sparbuch sogar noch sehr unflexibel. Oft sind nur 3000 Euro direkt verfügbar, und jeder höhere Betrag kann erst mit einer Kündigungsfrist von drei Monaten abgehoben werden. Von Flexibilität und Liquidität kann hier keinesfalls die Rede sein.

466.000 Treffer ergibt die Suche nach dem Begriff *Tagesgeldkonto* bei Google. Einer der ersten Treffer zeigt Ihnen direkt den besten Konditionenvergleich bei Check24 an. Man mag es kaum glauben, aber die Suche nach den besten Tagesgeldkonditionen ist in Deutschland schon zur regelrechten Jagd geworden. Da werden stundenlang Vergleiche gezogen und Konditionen studiert, die meist große Mängel aufweisen. Beispielsweise werden die angegebenen Zinsen häufig nur für einen kurzen Zeitraum gewährt, die Anlagesumme ist zumeist auf maximal 10.000 Euro begrenzt, oder Sie müssen sich für ein weiteres Produkt der Bank entscheiden, um die vermeintlich attraktiven Zinsen überhaupt zu erhalten. Nach stundenlangem Vergleichen und einem zeitaufwendigen Kontoeröffnungsprozedere bekommen Sie dann allenfalls 0,15 Prozent mehr Zinsen im Jahr, was oft nicht mehr als 2 bis 3 Euro pro Monat ausmacht. Aufwand und Nutzen stehen hier in keinem Verhältnis. Doch warum schichten die Deutschen so viel Kapital auf diese Konten? Aufschluss bringt eine Umfrage von Statista. 59 Prozent der Befragten legen ihr Geld auf das Girokonto oder Sparbuch, weil es ihrer Meinung nach dort jederzeit verfügbar ist. 48 Prozent legen ihr Geld auf ein Konto, weil sie es nicht anders gewöhnt sind. Das ist schon sehr erschreckend, zumal es eben auf dem Sparbuch nicht jederzeit in beliebiger Höhe verfügbar ist. Aus reiner Gewohnheit hohe Summen auf Girokonten zu parken ist ebenfalls eine sehr unkluge Entscheidung.

Aktuell: Index-Select- und Index-Garant-Produkte

Seit einigen Jahren erfreuen sich Index-Garant- oder Index-Select-Produkte größerer Beliebtheit. Zumindest bei den Bankberatern der ortsansässigen Genossenschafts- und Geschäftsbanken sind diese aktuell richtig angesagt. Worum handelt es sich bei diesen Finanzprodukten, und aus welchen Gründen entscheidet sich ein Sparer dafür? Nachdem bei den klassischen Zinsprodukten mittlerweile auch der letzte Deutsche verstanden hat, dass sie sich wenig für die Altersvorsorge eignen, sattelt die Branche um. Als Anleger wollen Sie die Gewinnchancen des Aktienmarkts und dennoch garantierte Sicherheit. Die Bank Ihres Vertrauens hat die vermeintlich passende Lösung: das indexbasierte Zertifikat, das als Anlagekern in Ihrem Altersvorsorgeprodukt sein Unwesen treibt.

Wie funktioniert ein solches Produkt genau? Als Kunde kaufen Sie ein Zertifikat auf einen Index, meist den Euro Stoxx 50 (die 50 wertvollsten europäischen Aktiengesellschaften), und partizipieren damit an seiner Wertentwicklung. Die Bank verspricht Ihnen zusätzlich, dass Sie keinen Verlust einfahren können. Das klingt doch erst einmal zu schön, um wahr zu sein, oder? Ist es auch! Sie kaufen ein Produkt, welches nach oben einen *Cap*, also eine Barriere hat, bis zu dieser Sie innerhalb eines Jahres an steigenden Kursen partizipieren. Bei einer noch besseren Kursentwicklung verdient die Bank. Sollte der Index innerhalb eines Jahres Verluste verzeichnen, dann wird Ihre Rendite auf null Prozent gesetzt. Bei vielen dieser Verträge legt die Bank den Cap erst am Ende des Jahres fest, beispielsweise auf 2,5 Prozent oder 1,5 Prozent. Deutlich höher liegt der Cap bei den meisten Anbietern nicht. Hinzu kommt, dass Sie bei einem solchen Produkt das Emittentenrisiko tragen, also das Risiko des Ausfalls der Bank, die das betreffende Finanzprodukt aufgelegt hat. Sie sind eben kein Inhaber von Aktien, sondern Sie wetten nur auf eine Aufwärtsentwicklung von Aktienkursen. Damit haben Sie keinen Sachwert als Anlage, sondern lediglich das Zahlungsversprechen einer Bank.

Zu guter Letzt sind Sie als Zertifikatinhaber auch nicht dividendenberechtigt. Die Gewinnausschüttungen der Unternehmen streicht natürlich auch die Bank ein (Begriffe wie Emittentenrisiko oder Sachwert erklären wir Ihnen im Laufe des Buches noch ausführlicher).

Die Immobilie – oder besser: das Eigenheim

In diesem Buch werden Immobilienthemen nicht in aller Ausführlichkeit behandelt. Dazu sind sie zu umfangreich und komplex. Zudem gibt es zum Thema Immobilien jede Menge sehr guter Literatur, die wir Ihnen gerne an späterer Stelle im Kapitel Investment empfehlen. Allerdings möchten wir Ihnen in diesem Abschnitt dennoch einen kleinen Einblick verschaffen. Denn die eigene Immobilie, meist in Form eines selbst genutzten Einfamilienhauses, ist hierzulande ein großer Wunschtraum vieler Menschen und stellt damit im weitesten Sinne ebenfalls eine beliebte Geldanlage dar.

Das Eigenheim ist in Deutschland sehr begehrt. Es wird zudem als perfekte Altersvorsorge angesehen und von Banken, Bausparkassen und Maklern entsprechend beworben. Doch ist es dies wirklich, oder ist eine Immobilie in den meisten Fällen nur ein emotionaler Luxuskauf, der finanziell weniger klug ist?

In dieser Darstellung nehmen wir nur auf selbst genutztes Wohneigentum Bezug. Fremdvermietete Immobilien als Kapitalanlage sind aus vielen unterschiedlichen Gründen eine völlig andere Rechnung und werden im Kapitel »Investment« näher betrachtet.

Der Kauf eines Eigenheims ist in der Regel eine emotionale Entscheidung, die man meist im Alter zwischen 25 und 45 trifft. In dieser Zeit sehen sich die Eigenheimkäufer sehr vielen Entscheidungen ausgesetzt. Dazu zählen die Familien- und Berufsplanung und eben auch die Entscheidung, wo und wie die Familie wohnen soll. Diese Entscheidung emotionslos und rein ökonomisch zu treffen ist zugegebenermaßen recht schwer. Welche Eltern möchten ihrer Familie denn nicht ein schönes Zuhause bieten?

Wir wollen dieses Thema etwas differenzierter betrachten, Sie darüber aufklären und Ihnen die Risiken und Nachteile einer selbst genutzten Immobilie aus ökonomischer Sicht darlegen. Es ist wichtig, dass Sie die Entscheidung für ein Eigenheim sehr bewusst treffen und sich über Vor- und auch Nachteile im Klaren sind. Nur dann werden Sie auch über 30 oder 40 Jahre mit Ihrem Eigenheim Freude haben. Andernfalls könnte es sein, dass nach einer gewissen Zeit unliebsame Überraschungen auf Sie zukommen, die mit etwas Achtsamkeit bei der Kreditaufnahme und der Berechnung des Haushaltsbudgets hätten vermieden werden können.

- **Weniger Flexibilität**
  Wenn Sie zur Miete wohnen, können Sie die Wohnung innerhalb von drei Monaten kündigen. Bei einem Eigenheim funktioniert das in der Regel nicht so schnell. Wenn Sie zum Beispiel durch einen Jobwechsel den Arbeitsort wechseln müssen, dann kann zwar ein Umzug von heute auf morgen notwendig sein. Das Haus jedoch so schnell zu verkaufen ist oft mit enormen Verlusten verbunden. Das gilt meist auch für die Vermietung des vormaligen Eigenheims. Denn vor allem Häuser auf dem Land haben recht schlechte Mietrenditen, da hier die Nachfrage einfach ziemlich gering ist. Sie geben als Eigentümer einer selbst genutzten Immobilie also sehr viel Flexibilität auf und sind, wie der Name schon sagt, im-mobil.

- **Instandhaltung**
  Der Kredit für das Einfamilienhaus wird, oft auf Empfehlung der Bankberater, häufig sehr knapp kalkuliert. Dabei wird der Faktor Instandhaltung kaum berücksichtigt. Dabei weiß jeder Immobilienbesitzer, dass früher oder später gewisse Instandsetzungsmaßnahmen nötig sind und viel Geld kosten.
  Rund 2 Prozent des Immobilienwerts jährlich wären als Instandhaltungsrücklage sinnvoll, um keine bösen Überraschungen zu erleben. Das würde bedeuten, dass bei einem durchschnittli-

chen Immobilienkaufpreis von 400.000 bis 500.000 Euro für ein klassisches Eigenheim für die Instandhaltung jährlich knapp 10.000 Euro zur Seite gelegt werden sollten. Davon sind allerdings viele Eigenheimbesitzer weit entfernt. Dies führt dann oft dazu, dass Häuser, die 30 Jahre oder älter sind, einen hohen Renovierungsstau aufweisen. Meist müssen das Dach, die Heizung, die Elektrik oder auch die Raumausstattung komplett modernisiert werden.

- **Als Familie braucht man Platz – im Alter nicht**
  Dennoch werden die meisten Häuser auf ein Leben zu viert ausgerichtet. Dieser Platz ist doppelter Luxus, denn erst muss der Bauherr ihn sich teuer erkaufen oder bauen, und 30 Jahre später, wenn die Kinder aus dem Haus sind, muss er die ungenutzten Räume teuer beheizen und instand halten. Zwar hat ein Immobilieneigentümer im Alter keine Miete und auch keine Kreditkosten mehr zu tragen; allerdings sind die Modernisierungskosten nicht zu unterschätzen, sofern man seine Immobilie in akzeptablem Zustand erhalten und dem Preisverfall etwas entgegenwirken möchte.

  Passen Sie daher lieber Ihre Wohnsituation an Ihre Lebenssituation an als umgekehrt. Mieten Sie das passende Objekt zum jeweiligen Lebensabschnitt, oder kaufen Sie eine mittelgroße Wohnung in Stadtnähe, die Sie als Familie ebenfalls nutzen können. Denn: Der Trend geht zu Singlehaushalten, und eine Wohnung lässt sich nach Eigennutzung viel leichter weitervermieten oder gewinnbringend verkaufen als ein Haus. Auch vermögende Personen wohnen sehr oft zur Miete und kaufen Immobilien lediglich als nüchterne Kapitalanlage und eben nicht aus emotionalen Gründen. Damit fahren sie oft besser. So wohnt zum Beispiel auch Marc Zuckerberg, der Gründer und CEO von Facebook, zur Miete.[34]

- **Fehlende Diversifikation**

  Mit dem Kauf eines Einfamilienhauses sind bei einer jungen Familie die Immobilien mit Abstand der größte Vermögenswert, was umso drastischer ist, als diese Geldanlage auch noch teilweise auf Kredit finanziert wurde. Das Klumpenrisiko, also die fehlende Risikostreuung im Portfolio, kann schnell zum Verhängnis werden, etwa wenn Arbeitgeber der Region ihre Zentralen oder Produktionsstätten verlegen und somit Stellen verloren gehen. Gerade auf dem Land gibt es dann wenige Alternativen zum Broterwerb in naher Umgebung. Die Folge ist, dass die Preise für Immobilien in der betreffenden Region dann schnell sinken.

- **Läuft alles nach Plan?**

  Die Bank ist nicht sehr erfreut, wenn Ihnen bei der monatlichen Kreditratenzahlung etwas dazwischenkommt. Deshalb sollten Sie zu Beginn etwaige Risiken in die Kalkulation einplanen. Dies geschieht aber häufig nicht. Was dann bei Verlust der Arbeitsstelle, Arbeitsunfähigkeit oder Scheidung droht, müssen wir Ihnen nicht erläutern. (Heutzutage ist es eine sehr optimistische Erwartung, 30 Jahre lang ein gleichmäßiges Einkommen zu erzielen.) Es wird dann schnell kritisch, etwa wenn eine Bonitätsneubewertung erfolgt und Sie durch fehlendes Einkommen auf die Übernahme der Kreditrate durch das Jobcenter hoffen müssen oder diese aus ihren Ersparnissen bedienen müssen.

  Die Konsequenzen können gravierend sein. Nehmen Sie zum Beispiel diese Titelstory der *Süddeutschen Zeitung* aus dem Jahr 2009: »Ein junges Paar mit Kinderwunsch nimmt einen Kredit auf und baut. Acht Jahre später ist die Familie ruiniert, das Haus versteigert, die Zukunft ungewiss. Die Geschichte einer ganz gewöhnlichen Pleite.«[35]

- **Fazit**

  Verstehen Sie uns bitte nicht falsch. Wir haben absolut nichts dagegen, wenn Sie in einem Einfamilienhaus auf dem Land wohnen möchten. Das bietet viele Vorteile, bringt Ihnen sehr viel Wohnqualität, und Ihre Kinder freuen sich ebenfalls darüber. In diesem Kapitel wurde das Eigenheim allerdings aus rein finanzieller Sicht betrachtet. Bei einem finanziellen Vergleich zwischen Kaufen und Mieten hat der Mieter beim monatlichen Cashflow aller Wahrscheinlichkeit nach deutlich die Nase vorn, sofern er mit dem eingesparten Geld sinnvolle Dinge tut.

Warum sind dann aber die meisten Eigenheimbesitzer trotzdem vermögender als Mieter?

Das liegt auf der Hand, wir sprechen von einem Zwangssparvertrag. Der Häuslebauer muss sparen, während der Mieter meist mehr konsumiert und das Geld, das er eigentlich sparen und intelligent anlegen sollte, ausgibt. Mangelnde Selbstdisziplin sorgt also dafür, dass der Mieter zwar die bessere Grundausstattung hätte, allerdings dem Konsum zum Opfer fällt und damit seine finanzielle Freiheit verspielt.

Wir möchten das Kapitel »Die Deutschen und ihre Finanzen« nun mit folgenden Statements abschließen:

- Die meisten Deutschen haben ihr Geld nur in Geldwerten investiert. Ausnahme: das Eigenheim auf dem Land, das teilweise auf Pump gekauft wurde.
- Bei der Geldanlage agieren sie nach wie vor sehr konservativ und nur vermeintlich sicherheitsorientiert.
- Auf neue Produktkreationen der örtlichen Banken gehen sie immer wieder gerne ein und vertrauen ihrem Berater blind.

Geänderte Rahmenbedingungen, wie wir sie seit einem Jahrzehnt haben, verlangen allerdings, althergebrachte Überzeugungen zu hinterfragen und sich in unbekanntes Terrain zu wagen.

Bitte fangen Sie an, umzudenken. Nehmen Sie am Spiel teil, aber tun Sie das nicht, ohne die Spielregeln zu lesen. Sonst sind Verluste vorprogrammiert. Damit Sie zu den Gewinnern gehören, wünschen wir Ihnen nun viel Spaß bei der Lektüre der folgenden Spielregeln.

Finanzielle Intelligenz

Einstellungen und Glaubenssätze zum Thema Geld

»Geld stinkt!«, »Geld allein ist nicht alles!« und »Geld verdirbt den Charakter«. Sollten dies Ihre Assoziationen sein, wenn Sie an Geld denken, dann geht es Ihnen wie vielen Menschen hierzulande. Sie haben diese Einstellung als eigene Wahrheit verinnerlicht, weil diese Sätze ihnen oft genug gesagt wurden. Vielleicht wollen Sie an dieser persönlichen Wahrheit ja festhalten, weil Sie Geld lediglich als notwendiges Medium sehen, mit dem Sie Dinge des täglichen Bedarfs tauschen. Vielleicht haben Sie auch keine Motivation, in naher Zukunft finanziell unabhängig zu sein. Sollte das der Fall sein, dann legen Sie dieses Buch lieber zur Seite. Es wird Ihnen keine Freude bereiten. Falls Sie jedoch ein gewisses Interesse daran haben, Ihre finanziellen Ziele zu erreichen und Träume zu verwirklichen, dann lesen Sie jetzt weiter.

Der amerikanische Autor T. Harv Eker (*So denken Millionäre*) hat Folgendes herausgefunden: Es ist entscheidend, welche Gedanken wir uns zum Thema Geld und Finanzen machen. Wohlhabende Menschen denken anders über Geld als arme Menschen. Negative Gedanken zum Thema Geld wie »Geld ist nicht alles« werden sich in Ihren Gefühlen, Ihren Handlungen und nicht zuletzt in Ihrer Brieftasche bemerkbar machen.

Es sind die Glaubenssätze im Umgang mit Geld, die wie eine innere Barriere auf dem Weg zum finanziellen Erfolg wirken. Sehr oft haben wir diese Glaubensätze bereits als Kinder in der Erziehung von Eltern und Lehrern ungefiltert übernommen und über die lange Zeit als vermeintliche Wahrheit in unserem Unterbewusstsein abgespeichert. Viele Eltern sprechen schlicht nicht mit ihren Kindern über das Thema Geld und Finanzen, da auch ihre Eltern und Großeltern es nie offen angesprochen haben. Das Thema wird einfach totgeschwiegen. Wenn es dann doch einmal im Bekannten- oder Familienkreis zur Sprache kommt, dann häufig mit negativen Assoziationen, die auf negativen Glaubenssätzen basieren. Dazu gehören zum Beispiel folgende Phrasen:

- »Über Geld spricht man nicht.«
- »Alle reichen Menschen sind Verbrecher.«
- »Geld stinkt.«
- »Geld ist nicht alles im Leben.«
- »Geld verdirbt den Charakter.«
- »Geld oder Liebe.«
- »Ich bin zufrieden mit dem, was ich habe.«
- »Reichtum macht einsam.«
- »Ich kann nur vermögend werden, wenn ich im Lotto gewinne.«

Das sind nur einige von vielen negativen Glaubenssätzen, die bei einer Vielzahl von Menschen in Deutschland verbreitet sind.

Überlegen Sie sich, ob Sie diese Glaubensätze übernehmen möchten. Sie werden Ihre finanziellen Ziele nur erreichen, wenn Sie eine positive Einstellung zum Geld haben und sich von allen negativen Glaubenssätzen befreien.

Wenn Ihr Verstand und Ihr Unterbewusstsein nicht positiv im Hinblick auf das Thema Geld geprägt sind, dann wird sich dies eins zu eins in Ihren täglichen Handlungen widerspiegeln. Diese Handlungen werden sich dann weniger in intelligenten Investments zeigen, sondern im Geldausgeben und Schulden machen. Derlei Glaubenssätze wirken unterbewusst, ohne dass wir sie uns aktiv ins Gedächtnis rufen. Ihre aktuelle finanzielle Situation ist das Resultat Ihrer Überzeugungen und Ihrer Einstellung zu Geld.

Wir laden Sie nun dazu ein, bewusst gegenzusteuern, um in Zukunft Ihre finanzielle Freiheit zu erreichen.

Wenn Sie sich dieses Ziel gesteckt haben, ist es eine notwendige Voraussetzung, dass Sie positive Glaubenssätze in Bezug auf Geld verinnerlichen und Ihre finanzielle Intelligenz weiterentwickeln.

Positive Glaubenssätze

Zunächst dürfen Sie Geld nicht als Belastung empfinden, sondern Sie sollten es vielmehr als Mittel zur Befreiung sehen. Leider sind nach wie vor viele negative Glaubenssätze in zahlreichen Familien verbreitet. Hier haben Kinder einen unfairen Vorteil, deren Eltern positive Glaubenssätze haben und diese ihrem Nachwuchs auch mitgeben. Kinder aus solchen Familien haben die besten Chancen, früh finanziell unabhängig zu werden.

Ihre Aufgabe ist es, für Sie selbst positive Glaubenssätze in Ihrem Inneren zu verankern:

- »Geld ist genug auf der Welt vorhanden.«
- »Geld ist weder gut noch schlecht.«
- »Geld ist das Mittel zum Zweck, aber nie der Zweck selbst.«

Dies sind nur wenige Beispiele, wie Sie Ihr Denken ins Positive wenden können.

Ihre aktuelle finanzielle Situation basiert auf Ihren Handlungen und Aktivitäten in der Vergangenheit. Ihre Handlungen basieren auf Ihrer Meinung, Ihrem Glauben und Ihrer Überzeugung.

Diese wiederum basieren auf Ihren Erfahrungen, Erlebnissen, Gesprächen, Ihrer Beobachtung und Ihrer Wahrnehmung im Unterbewusstsein.

Die zentrale Frage, die Sie sich stellen sollten, lautet: Sind all diese Überzeugungen und Glaubenssätze hilfreich auf dem Weg in Richtung Ihres Ziels?

Wenn Sie diese Frage mit Nein beantworten, dann überdenken Sie Ihre Haltung, schreiben Sie sich die gewünschte neue Denkweise auf und setzen Sie sich konkrete Ziele. Denken Sie positiv über Geld und fangen Sie an, sich mit dem Gedanken an Geld wohlzufühlen.

Die finanzielle Intelligenz ist kein Schulfach und auch kein Studienfach an der Uni. Dennoch lässt sie sich, genau wie eine Fremdsprache oder ein Musikinstrument, erlernen. Umgekehrt heißt das aber nicht, dass intelligente und gut ausgebildete Ärzte, Anwälte oder Ingenieure dieses Wissen und diese Intelligenz automatisch hätten. Im Gegenteil: Die Auswirkungen fehlender Kenntnisse sind bei diesen Menschen noch drastischer, da sie als Akademiker meist viel Geld verdienen, aber die gleichen Verhaltensmuster wie andere Berufsgruppen haben. Durch ihren Umgang mit Geld richtet sich geradezu ein Scheinwerfer auf das, was sie nicht können. Der Umgang mit Geld betont das Muster des falschen Geldflusses. Nicht zuletzt gibt es das Sprichwort: »*Ein Narr und sein Geld geben ein großes Fest.*«

Finanzielle Freiheit zu erreichen gleicht einem Spiel mit einfachen Spielregeln. Das Problem ist nur, dass die meisten Menschen, die mitspielen wollen, die Spielregeln nicht kennen, weil niemand sie Ihnen vorher erklärt hat. Reiche Menschen kennen die Spielregeln.

Wenn Gutverdiener Geld verdienen, dann fühlen sie sich automatisch wohlhabend. Doch es ist nicht der vermögend, der viel verdient, sondern der, der viel von seinem verdienten Geld behält. Oft sind Gehaltserhöhungen, die die jeweiligen Personen in einigen Monaten erwarten, schon weit vorher gedanklich ausgegeben. Wer dann mehr verdient, dessen Ausgaben wachsen dann ebenfalls wie durch Zauberhand. Das wiederum führt dazu, dass die Betroffenen noch härter und länger arbeiten, um sich den aktuellen Lebensstandard mit all den

Annehmlichkeiten auch zu erhalten. Willkommen im Hamsterrad des Lebens! Diese Annehmlichkeiten sind dann ein großer SUV, ein schönes Haus und ein großer Flachbildfernseher. Mit diesen Anschaffungen verfolgen viele Menschen das Ziel, so zu sein wie die Reichen. Der einzige Unterschied besteht darin, dass reiche Menschen ihren Luxus mit den passiven Einkünften aus ihren Vermögenswerten finanzieren. Arme Menschen kaufen sich den gewünschten Luxus von ihrem hart verdienten Geld.

Sachwert versus Geldwert

Wenn wir Ihnen wirklich nur eine Empfehlung für Ihre finanzielle Zukunft geben dürfen, dann ist es die folgende:

Investieren Sie in Sachwerte und besparen Sie KEINE Geldwerte!

Warum wir diese Empfehlung genau so aussprechen und welche Anlagen zu welchem Bereich gehören, lernen Sie in diesem Kapitel.

Was sind Geldwerte?

Geldwerte sind Investments, die Ihnen einen bestimmten Betrag (Zins) in einer bestimmten Währung versprechen oder sogar garantieren. Sie leihen also einer Bank, einem Unternehmen, dem Staat oder einem Bekannten Geld und erwarten dieses nach einer festgelegten Zeit mit Zinsen zurück. In der Fachsprache heißt das: Sie treten als Gläubiger auf, der Kreditnehmer als Schuldner.

Eine Anlage in Geldwerte ist vergleichsweise preisstabil und damit schwankungsarm. Allerdings ist auch die Rendite bei den Geldwerten aktuell sehr niedrig. Geldwertanlagen zeichnen sich dadurch aus, dass kein physischer Gegenwert wie eine Immobilie, Gold oder eine Unternehmensbeteiligung vorhanden ist und den Geldwert deckt.

Typische Beispiele für Geldwerte sind demnach:

- Girokonten
- Sparbücher
- Tagesgeldkonten
- Festgeldkonten
- Anleihen (festverzinsliche Wertpapiere)
- Geldmarkt- und Rentenfonds (diese investieren in Anleihen)
- Kapitalbildende Lebensversicherungen (investieren ebenfalls überwiegend in Anleihen)
- Bausparverträge

Was sind Sachwerte?

Sachwerte sind Investments, die mit physischen Werten unterlegt und somit abgesichert sind. Diese Werte sind real verfügbar und fassbar. Als Aktionär (Anteilseigner) eines Unternehmens gehört Ihnen ein kleines Stück des Firmenkapitals. Zum Kapital der Firma gehören unter anderem Fabrikhallen, Maschinen, Endprodukte, Zwischenprodukte, Rohstoffe, Betriebsmittel, Kapital, geistiges Eigentum (zum Beispiel Patente oder Lizenzen) et cetera. An all dem sind Sie als Anteilseigner mit Ihrem Kapital eben auch beteiligt.

Weitere Beispiele für Sachwerte sind:

- Immobilien
- Rohstoffe
- Edelmetalle
- Aktienfonds
- Gewerbeland

- Forst und Ackerland
- Sonstiges (Oldtimer, Kunst und weitere Sammlerwerte)
- Immobilienfonds
- Sonstige Beteiligungen

Inflation bei Sach- und Geldwerten

Sachwerte werden häufig als »inflationsgeschützt« bezeichnet. Was bedeutet dieser Begriff?

Geldwerte sind abhängig von einer Währung. Kommt es durch Inflation zu einem Kaufkraftverlust, so können Sie sich für den gleichen Betrag im Laufe der Zeit immer weniger Waren oder Dienstleistungen leisten.

Bei Sachwerten, wie zum Beispiel Aktien oder Immobilien, verliert Ihre Investition nicht durch Inflation an Wert. Sie sind in Besitz einer Sache, eines physischen Wertes. Von diesem gibt es durch Inflation nicht mehr oder weniger. Sofern Sie diese Sache wieder verkaufen wollen, richtet sich der Wert nach dem aktuellen Marktpreis.

Der Preis, den Sie dann erzielen, wird aufgrund der Inflation vermutlich höher sein als vorher. Das liegt unter anderem darin begründet, dass bei steigender Inflation auch ihr Cashflow steigt. Als Immobilieneigentümer erhöhen Sie mit dem üblichen Mietspiegel schrittweise die Miete für Ihre Immobilie. Das Unternehmen, von dem Sie Aktienanteile besitzen, erhöht durch stetige Preiserhöhungen seinen Umsatz und langfristig auch den Gewinn.

Ein Sachwert ist also nicht direkt von einer Währung abhängig und kann somit zu Recht als »inflationsgeschützt« bezeichnet werden.

Im langjährigen Durchschnitt verdoppeln sich die Preise in etwa alle 20 Jahre. Das bedeutet allerdings auch, dass sich der Wert Ihrer Sachwerte durch die Preissteigerung im breiten Schnitt alle 20 Jahre verdoppelt. Eine einfache Rechenformel zeigt Ihnen die Dauer, in der sich die

Kaufkraft einer Währung halbiert. Dazu müssen Sie einfach die Zahl 72 nehmen und sie durch die aktuelle Inflationsrate in Prozent teilen.

Wir können Ihnen nur sagen: Spielen Sie mit und investieren Sie in Sachwerte, denn was wir bei Geldwerten »Inflation« und Kaufkraftverlust nennen, das führt bei Sachwerten zu einer höheren Bewertung in stets aktuellen Marktpreisen und ist somit ein nomineller Vermögenszuwachs.

Machen Sie bloß keine Konsumschulden.

»Lieber heimlich reich als unheimlich verschuldet.«

UNBEKANNTER VERFASSER

Kaufen Sie keine Dinge auf Pump. Sei es ein Auto, eine Reise, ein Fernseher oder was auch immer – eine Kreditfinanzierung ist nie vorteilhaft. Auch wenn es sich intelligenter anhört, einen Fernseher über 24 Monate mit einer kleinen Rate mit null Prozent Kreditzins zu finanzieren – das ist es nicht. Wenn Sie alles auf einen Schlag in bar bezahlen können, sind saftige Rabatte möglich. Außerdem reduziert jede Kreditrate Ihren monatlichen Cashflow. Bei mehreren, parallel laufenden Krediten verlieren Sie schnell den Überblick und haben das Gefühl, das Geld rinnt Ihnen sprichwörtlich durch die Finger. Wenn es schon ein neuer Fernseher sein muss, dann sparen Sie auf dieses Ziel hin und kaufen Sie ihn per Einmalzahlung.

Die Möglichkeit der Ratenzahlung dient lediglich dazu, Menschen zum Kauf von Dingen zu verleiten, die sie sich nicht leisten können.

Aber Konsum ist niemals eine intelligente Investition.

75 Prozent der deutschen Haushalte haben Schulden. Bei den vielen Finanzierungsangeboten, denen jeder ausgesetzt ist, ist dies auch kaum verwunderlich. Als Kunde gibt man sich schnell der Illusion hin, sich immer alles leisten zu können. Denn zunächst muss man es ja nicht direkt bezahlen.

Dieser Abschnitt bezieht sich ausschließlich auf Konsumschulden. Schulden, die auf der Gegenseite einen Wert wie ein Mietobjekt, ein Unternehmen oder einen anderen Cashflow generierenden Vermögenswert haben, sind in der Betrachtung nicht eingeschlossen.

Hier werden lediglich die Schulden betrachtet, die Sie ausschließlich für Ihren Luxus und aus Gründen des Lifestyles aufnehmen und deren Gegenwert schnell sinkt.

Vermeiden Sie Konsumschulden, denn sie rauben Energie und die Motivation, Einnahmen zu generieren. Wie motivierend ist es wirklich, für Geld zu arbeiten, wenn man weiß, dass dieses ohnehin direkt an die Bank zurückfließt? Nicht sehr motivierend, behaupten wir.

Doch welche Motive führen überhaupt zu Schulden, und wie kann man sich dagegen wehren? Konsumschulden entstehen meist aus zwei Motiven heraus: »Spaß und Freude erfahren« oder »Angst und Schmerz vermeiden«.

Unser Gehirn ist auf das kurzfristige Ergebnis trainiert. Es hat Schwierigkeiten damit, langfristige Ergebnisse in der Zukunft realitätsnah vorwegzunehmen. Das bedeutet: Die Motivation, kurzfristig Schmerzen zu vermeiden oder durch Luxusanschaffungen vermeintliches Glück zu erleben, immer größer ist als die Motivation, später sorgenfrei und glücklich zu sein.

Den zukünftig viel größeren Schmerz, das Leben am Existenzminimum in der Rente oder der Verzicht auf finanzielle Freiheit, blenden dabei viele aus.

Der Geldfluss

»Ihr persönliches Besitztum macht Sie vermögend.« Leider trifft diese These nicht immer zu. Es hängt davon ab, ob Sie auch wirklich Vermögenswerte besitzen, oder ob sich die vermeintlichen Vermögenswerte in Wahrheit als Verbindlichkeiten herausstellen. Ist dies der Fall, dann sind Sie alles andere als vermögend. Sie werden auch große Schwierigkeiten haben, vermögend zu werden. Der weltweit bekannte Finanzcoach Robert T. Kiyosaki hat diese These in seinem Bestseller *Rich Dad Poor Dad* umfassend erläutert:

>*»Arme Menschen und die Angehörigen der Mittelschicht kaufen Verbindlichkeiten. Reiche Menschen kaufen Vermögenswerte.«*

Jede Person hat Einnahmen und Ausgaben. Einnahmen kommen in der Regel durch ihr monatliches Einkommen zustande, für das Sie arbeiten. Von Ihren Ausgaben erwerben Sie all die Dinge, die Sie zum Leben benötigen.

Jetzt hat jeder aber auch zwei »Fabriken« in seinem Finanzhaushalt. Die eine Fabrik auf der linken Seite ist Ihre Spaßfabrik. Geld aus Ihren Einnahmen, welches in diese Fabrik fließt, erzeugt bei Ihnen Spaß und kurzfristige Glückserfahrungen. Schnelle Autos, Kreuzfahrten, HiFi-Geräte und teure Markenkleidung gehören dazu. All diese Dinge machen Sie kurzfristig glücklich und erhöhen Ihre laufenden Ausgaben.

Doch jede Person kann sich auch eine Finanzielle-Freiheit-Fabrik zulegen. Hier sind alle Investitionen zu finden, die Ihnen wieder Geld zurückgeben und Ihre Einnahmen erhöhen.

Lieber Leser, jeder von uns generiert auf irgendeine Art und Weise Einnahmen, die einen mehr, die anderen weniger. Entscheidend ist aber jetzt, wofür Sie das eingenommene Geld ausgeben! Es gibt die Möglichkeit, diese entweder in Vermögenswerte oder in Verbindlichkeiten anzulegen.

Aber was sind Vermögenswerte und Verbindlichkeiten überhaupt? Robert T. Kiyosaki formuliert es so: »Vermögenswerte füllen unsere Taschen mit Geld, und Verbindlichkeiten ziehen uns das Geld aus den Taschen. Arme Menschen arbeiten für ihr Vermögen, und reiche Menschen lassen ihr Vermögen für sich arbeiten.«

Der typisch deutsche Haushalt

Ein klassischer deutscher Haushalt hat ein eigenes Haus, ein Auto, den Hausrat wie beispielweise die Möbel und die HiFi-Anlage, teures Gartengerät und eine Hobbyausrüstung sowie ein gewisses Kontoguthaben als finanzielle Rücklage.

Die Einnahmen kommen monatlich durch aktive Arbeit in die Kasse und werden durch die Verbindlichkeiten wieder verbraucht.

Die oben genannten Gegenstände werden in vielen Haushalten mit Vermögenswerten assoziiert. So scheint für viele ein Auto ein Vermögenswert zu sein und das eigene Haus erst recht. Aber auch Gebrauchsgegenstände wie Fernseher, Einrichtungsgegenstände, Küche oder auch der vergoldete Golfschläger werden als Vermögenswerte wahrgenommen, was aber gar nicht stimmt.

Nun schauen wir uns einmal einige vermeintliche »Vermögenswerte« genauer an.

Neuwagen: Viele lieben ihn, den Neuwagengeruch. Auch deshalb muss es ein Neuwagen sein. Außerdem sind für die nächsten Jahre keine Reparaturen nötig, und die Garantie gibt dem Fahrzeughalter ein wohlig-warmes Gefühl.

Aber: Sobald Sie in Ihr neues Auto einsteigen und vom Hof des Autohändlers fahren, haben Sie schon mehrere Hundert Euro Verlust erlitten. Nach drei bis fünf Jahren hat sich der Wert des Fahrzeugs etwa halbiert. Wie soll also eine solche Anschaffung ein Vermögenswert sein? Es ist ein Luxusobjekt, und aus rein finanzieller Sicht gleicht der Kauf eines neuen Autos dem einer Geldvernichtungsmaschine.

Viele unterschätzen auch die enormen laufenden Kosten, die für einen PKW anfallen, wie zum Beispiel Kraftstoff, Steuern, Versicherungen, Inspektionen und Reparaturen.

Eigenheim: Des Deutschen liebstes Kind haben wir bereits im Kapitel »Immobilien« näher beleuchtet. Einen Vermögenswert stellt es in den seltensten Fällen dar.

Gebrauchsgegenstände: Alle Konsumgüter verlieren mit einer Geschwindigkeit an Wert, dass Sie gar nicht nachkommen. Der Fernseher, die neue Küche, der Golfschläger oder die neue Couch mögen kurzzeitig wirklich Spaß und Freude bringen. Vermögenswerte sind sie aber deshalb noch lange nicht. Haben Sie schon einmal versucht, Ihren Fernseher nach einigen Jahren zu verkaufen? Da können Sie ihn genauso gut verschenken, viel mehr bekommen Sie nämlich nicht mehr dafür.

In der Bilanz stellt sich der typisch deutsche Haushalt wie in der folgenden Abbildung dar. Dieser Haushalt hat nach der Definition von Herrn Kiyosaki gar keine echten Vermögenswerte, zumindest keine, die Einnahmen generieren. Der vorrangige Geldfluss in einem typischen Haushalt ist durch Ausgaben für Verbindlichkeiten geprägt. Da finden sich auf der Passiva-Seite die Hypothek für das Heim, der KFZ-Kredit oder auch die Konsumschulden. Hier entsteht ein immenser Geldfluss auf der Ausgabenseite. Die Einnahmen kommen fast ausschließlich aus dem Angestelltengehalt, wie Abbildung 15 verdeutlicht.

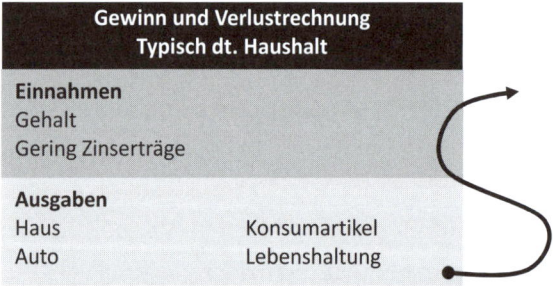

Abbildung 15: GuV und Bilanz eines typischen deutschen Haushalts, Quelle: eigene Darstellung

Was sind nun aber die wahren Vermögenswerte, und wie sieht die Bilanz eines vermögenden Haushalts aus?

Wahre Vermögenswerte sind Dinge, die in ihrem Wert über die Zeit steigen und zusätzlich einen positiven Geldfluss als Einnahme generieren.

Demnach sind Aktien die ursprünglichste Form eines klassischen Vermögenswerts. Mit der Ausgabe von Aktien verschafft sich ein Unternehmen Geld, mit dem es arbeiten kann. Dafür werden Sie als Anleger, der diese Aktien gekauft hat, am betriebswirtschaftlichen Erfolg des Unternehmens über Dividenden beteiligt.

Immobilien, die sie gut vermieten können, sind ebenfalls ein wahrer Vermögenswert, der im Normalfall einen positiven Cashflow und meist auch eine Wertsteigerung generiert.

Auch geistiges Eigentum wie Patentrechte, die Rechte an einem Songtext oder sonstige Unternehmensbeteiligungen gelten als wahre Vermögenswerte. Sie kosten weniger Geld, als sie in die Taschen ihrer Inhaber spülen.

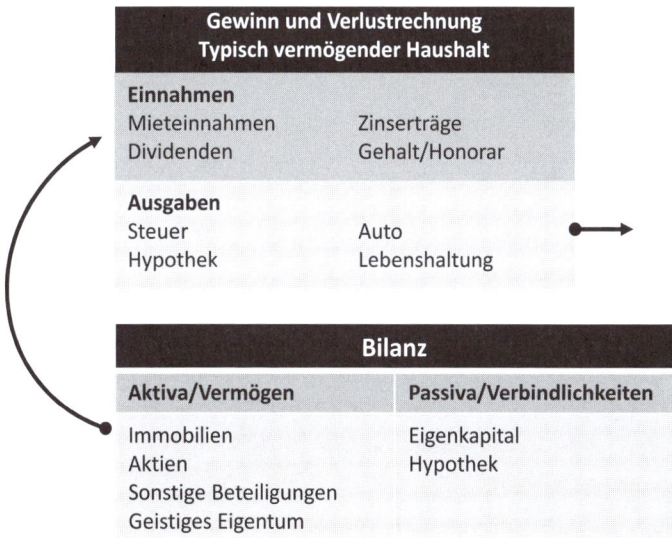

Abbildung 16: GuV und Bilanz eines typischen vermögenden Haushalts, Quelle: eigene Darstellung

In einem typischen vermögenden Haushalt ist nun der primäre Geld-fluss durch Einnahmen geprägt, die hauptsächlich aus Vermögens-werten stammen. Die Ausgaben für das Auto, die Lebenshaltung und sonstige Konsumausgaben werden komplett durch die passiven Ein-nahmen aus den Vermögenswerten gedeckt oder übersteigen diese im besten Fall sogar. Abbildung 16 zeigt, wie der Geldfluss auch für Sie bald aussehen kann, wenn Sie ihre Bilanz gezielt danach ausrichten und wie ein Vermögender denken und handeln.

Finanzielle-Freiheit-Fabrik

Die Finanzielle-Freiheit-Fabrik (FFF) ist die mit Vermögenswerten ge-füllte Aktiva-Seite Ihrer Bilanz.

Ihr Wertpapierdepot und Ihr Immobilienportfolio als direkte oder indirekte Anlage sollten Ihre Fabriken sein. Ihr Girokonto sollten Sie als Zahlungszentrale einrichten, die auch Ihre Liquidität (Ihr Notgro-schen) gewährleistet und Ihre tägliche Lebenshaltung sicherstellt.

Von dieser Hauptzentrale aus führen Sie nun regelmäßig Geld an die FFF ab, am besten in Form eines Dauerauftrags.

Das dort gesammelte Geld wird dann entsprechend Ihrer eigenen Investmentstrategie angelegt und beginnt, für Sie zu arbeiten.

Wichtig: Ihre FFF dürfen Sie nicht anrühren, bis Sie finanzielle Un-abhängigkeit erreicht haben. Sie werden später von den Einkünften und Dividenden aus diesem Bereich leben. Hier nutzen Sie die Erträge, um diese wieder anzulegen und somit vom Zinseszinseffekt zu profitieren.

Wichtig ist es, Ihre einmal festgelegte Investitionsquote jeden Monat auch zu halten. Deshalb bezahlen Sie am 1. eines jeden Monats erst einmal Ihre Garantie, finanzielle Freiheit zu erreichen. Also werden 10, 15, 20 oder mehr Prozent direkt an Ihre FFF überwiesen.

Von dem, was übrig bleibt, können Sie dann besten Gewissens leben, Spaß haben, Geschenke machen – Ihnen wird sicher etwas einfallen.

Wie verfahren bei einer Gehaltserhöhung?

Da sich Ihre prozentuale Investmentstrategie natürlich auch auf das jetzt erhöhte Gehalt auswirkt, müssen Sie lediglich den Dauerauftrag für Ihre FFF erhöhen. Oder Sie nutzen den Turbo, indem Sie ein Drittel, die Hälfte oder sogar zwei Drittel Ihrer Gehaltserhöhung dazu nutzen, schneller finanziell frei zu werden.

Das genaue Vorgehen bleibt Ihnen überlassen, entwerfen Sie Ihr eigenes System! Es muss individuell auf Sie und Ihre Bedürfnisse zugeschnitten sein, damit es funktioniert und damit Sie es auch durchhalten.

Auch bei unerwartet auftretenden Einnahmen, wie zum Beispiel bei Geldgeschenken, verfahren Sie ähnlich wie oben beschrieben. Ein fester Prozentsatz sollte an die FFF überwiesen werden.

Bilden Sie sich in finanziellen Dingen. Lernen Sie, langfristig zu denken. Anfangs wird es schwer sein, aber Sie werden sehr schnell Erfolgserlebnisse haben. Wenn Sie ein Hochhaus bauen möchten, dann ist es zunächst wichtig, ein solides Fundament zu errichten. Sorgen Sie dafür, dass Ihr Fundament stabil gebaut ist, und Sie werden das finanzielle Hochhaus Ihrer Träume bauen. Investieren Sie in Ihr Wissen und Ihre Erfahrungen, und Sie werden es später tausendfach zurückbekommen.

Glück und Geld

Warum ist es erstrebenswert, finanziell frei zu sein und ausreichend Geld zu haben, für das man nicht mehr arbeiten muss?

Wenn wir finanzielle Freiheit erreicht haben, wenn also unsere passiven Einkommensbringer unsere Ausgaben decken, dann sind wir nicht mehr auf wohlwollende Gaben von anderen angewiesen. Gleichgültig ob Staat, Arbeitgeber, Bekannte oder Eltern: Wir sind nicht davon abhängig, dass jemand für uns sorgt. Diese Unabhängigkeit macht frei und zufrieden. Es versteht sich aber auch, dass wir nicht glücklich sind, wenn lediglich das Geld stimmt. Mit Geld kann man viel erwerben und sich viele Wünsche erfüllen. Am Ende gehören zu einem glücklichen Leben jedoch neben dem Erfolg noch mindestens drei weitere Bereiche: Wohlbefinden, Beziehung und Werte. Abbildung 17 verdeutlicht dies. Die finanzielle Freiheit ist ein Teil des Erfolgs.

Wohl fühlen wir uns außerdem, wenn wir gesund und fit sind. Gute Beziehungen, enge Freundschaften, ein harmonisches Familienleben oder eine lange Partnerschaft gehören ebenfalls zu einem glücklichen Leben.

Werte und Sinnhaftigkeit geben uns eine Bestimmung und ein persönliches Warum, welches uns antreibt. Alle Bereiche müssen im Einklang miteinander stehen. Sie müssen zum Champion werden in jeder Disziplin, und es wird Sie Ihr ganzes Leben lang beschäftigen, diese auszubalancieren.

Erfolg	Wohlbefinden
Beruf	Gesundheit
Finanzen	Fitness
Errungenschaften	Aktivität
Werte	**Beziehungen**
Glaube	Freunde
Sinn	Partnerschaft/Liebe
Geist	Familie

Abbildung 17: Glücksquadrant, Quelle: eigene Darstellung

Geld löst nicht alle Probleme. Allerdings sind Geldsorgen sehr energie- und zeitraubend. Geldsorgen sind anstrengend und werfen einen Schatten auf Ihre Stimmung und Ihr Glück.

Mit Geld erhalten Sie allerdings mehr Möglichkeiten und mehr Chancen. Sie lernen interessante Menschen kennen und gehen mit mehr Selbstvertrauen an Ihre Arbeit. Deshalb kann finanzielle Freiheit der Schlüssel für omnipräsentes Glück sein, denn Geld bringt Zeit, und Zeit benötigen wir für all die schönen Dinge des Lebens, die uns nachhaltig glücklich machen.

Haben wir erst einmal finanzielle Freiheit erreicht, dann ist es weitaus einfacher, die Ziele in den anderen Bereichen zu erreichen. Sie müssen nicht mehr den ganzen Tag über, das gesamte Jahr hinweg einem Job nachgehen, der Ihnen am Ende des Tages nur wenig Zeit für Familie, Freunde, Gesundheit und sinnerfüllende Dinge übrig lässt. Sie können das tun, was Ihrer Leidenschaft entspricht und Ihnen Spaß bereitet. Sie können tun, wofür Sie bestimmt sind. Das ist bei jedem etwas anderes, aber Ihnen wird sicher etwas einfallen. Dieses Tun kann auch im Arbeiten bestehen. Arbeiten würden Sie dann aber nicht, um damit Geld zu verdienen, sondern aus der Überzeugung heraus, damit etwas Gutes zu tun und etwas an die Welt zurückzugeben. Es würde eine Arbeit sein, die Ihren Werten entspricht, Ihren Geist erfüllt und an deren Sinnhaftigkeit Sie glauben. Das würde Ihnen Freude bereiten und Sie mit Glück erfüllen.

Wer finanziell frei ist, hat die Wahlmöglichkeit, das zu tun, was er möchte. Er steht nicht unter dem Zwang, das zu tun, was er scheinbar tun muss, um sich genug Geld zum Leben zu verdienen. Ein Zitat fasst diesen Gedanken nochmals treffend zusammen:

>>*Are you really living life, or are you just paying bills until you die?*<<
UNBEKANNTER VERFASSER

Die meisten Menschen tauschen ihre Zeit gegen Geld. Sie gehen morgens zur Arbeit und abends nach Hause und bekommen einen festen Lohn für ihre Mühe.

Vieles, was man sich als Mensch wünscht, erhält man oft nur im Austausch mit der Zeit, die man bereit ist, dafür zu investieren und einzubringen. Beispiele hierfür sind körperliche Fitness, gute Beziehungen zu anderen Menschen, Wissen auf einem Fachgebiet oder eben Geld.

Wir haben gelernt, Zeit gegen Geld zu tauschen, um uns das bisschen Zeit, das dann noch übrig bleibt, mit anderen großartigen Dingen zu versüßen.

Ist es nicht erstrebenswerter, den Tausch andersherum auszuführen? Ist es nicht sinnvoller, Geld gegen Lebenszeit einzutauschen und die gewonnene Lebenszeit mit wirklich erfüllenden Dingen zu verbringen?

Wenn Sie Ihr Geld nun in Vermögenswerte investieren, die Ihnen ein langfristiges, passives Einkommen verschaffen, dann kaufen Sie sich im übertragenen Sinn Lebenszeit. Diese Art zu denken ist nicht sehr verbreitet. Es ist eine Geisteshaltung, ein Mindset, das wir nicht einfach so erlernen. Man muss sich bewusst dafür entscheiden und diszipliniert daran arbeiten, ohne sich durch die täglichen Einflüsse davon abbringen zu lassen. Es wird kein einfacher Weg sein, sonst würden es viele tun. Doch die Chance, es zu schaffen, ist hoch genug, um das Wagnis einzugehen. Trotzdem sollten Sie sich bei jeder Entscheidung fragen: »Macht mich das glücklicher?« Wenn Sie nicht ganz klar mit »Ja« darauf antworten können, dann sollten Sie eine andere Wahl treffen.

Investment

Die klassischen Sparformen sind überholt. Wer in Zukunft langfristig mit einer attraktiven Rendite Vermögen bilden möchte, muss althergebrachte Denkmuster in der Kapitalanlage ablegen. Mit klassischen Sparformen werden Sie langfristig definitiv nicht Ihre Ziele erreichen.

Festgeld- und Tagesgeldkonten sind nicht die optimale Form der Geldaufbewahrung. Wer sein Geld hier längere Zeit parkt, dessen Vermögen verliert jedes Jahr, jeden Monat und jeden Tag an Kaufkraft. Dieser Prozess ist unaufhaltsam, da die Inflation die mageren Guthabenzinsen vernichtet und die Vermögenssubstanz angreift. Der Sparer spart sich am Ende arm.

Die beste Lösung, um langfristig diese Herausforderungen zu meistern, ist ein renditestarkes Investment. Die passenden Strategien und Anlageklassen für diese Vorgehensweise lernen Sie in diesem Kapitel kennen. Doch nun erst einmal ein paar Sätze zum Begriff »Investment«. Was verbirgt sich dahinter?

Wie Sie gesehen haben, sind die Deutschen Weltmeister im Sparen. Der beliebteste Ansprechpartner ist immer noch die Hausbank. So legen die Deutschen Milliarden Euro auf ihre Konten bei der Bank und werden als Dankeschön mit einem kleinen Zins entlohnt. Die Frage ist: Was macht die Bank mit dem Geld? Sie muss ja schließlich die Zinsen erwirtschaften, die sie dem Sparer zahlt.

Das Kerngeschäft vieler Banken ist die Kreditvergabe, weshalb auch die Bezeichnung Kreditinstitut verwendet wird. Die Bank verleiht das eingesammelte Geld weiter an Unternehmen, Privatpersonen und weitere Organisationen. Dafür erhält sie wiederum Zinsen, die meist je nach Zahlungskraft des Schuldners weitaus höher liegen als die Zinsen, die die Bank den Sparern auf ihre Kontoguthaben zahlt. Unternehmen, die diese Kredite aufnehmen, investieren das Geld in neue Anlagen, Mitarbeiter, Entwicklungen et cetera. Das Ziel dabei besteht darin, einen Gewinn zu erwirtschaften, der die Zinsen und Schuldenlast trägt und darüber hinaus noch weitere Investitionen möglich macht. Nicht zu vergessen ist aber auch, dass Unternehmen die Zinskosten oft einfach auf die Produktpreise umlegen, die Sie als Konsument bezahlen. Damit wären Sie dann doppelt auf der Verliererseite.

Die Bank will natürlich auch sicherstellen, dass das Unternehmen fundamental gut aufgestellt ist und in den nächsten Jahren schwarze Zahlen schreiben wird.

Dafür werden zum Teil umfangreiche Analysen zum Unternehmen durchgeführt. Somit steht der Bank ein unschätzbarer Wert zur Verfügung – das Wissen über die wirschaftliche Lage bei einer Vielzahl von Unternehmen.

An den aussichtsreichsten Unternehmen beteiligt sie sich dann zusätzlich – meistens über Aktien. Die Frage ist nun, warum so viele Sparer nach wie vor diesen Umweg über ein Sparguthaben bei der Bank nehmen, anstatt direkt in den wirtschaftlichen Erfolg von Unternehmen zu investieren.

Sofern Sie noch am Anfang Ihres finanziellen Wissensaufbaus stehen, fragen Sie sich sicherlich, wie Sie das nun bewerkstelligen sollen. Gegenargumente wie »Ich habe zu wenig Zeit, zu wenig Geld und mir fehlt zudem das Wissen« lassen viele Menschen zurückschrecken.

Wenn Sie den Schritt zum Investment, also zur Beteiligung an der Wirtschaft, gehen möchten, dann wird Sie nichts daran hindern. Bereits ab 25 Euro im Monat können Sie sich über einen Aktienfonds aktiv oder passiv an mehreren Hundert Aktienunternehmen beteiligen. Dafür benötigen Sie auch kein Finanz- oder BWL-Studium, sondern lediglich ein wenig Grundlagenwissen und ein Wertpapierdepot bei einer Bank. Sie können Ihr Geld dann über einen Indexfonds in den breiten Markt passiv investieren oder einem professionellen vermögensverwaltenden Fonds übergeben, bei dem ein Fondsmanager aktiv die Aktien aussucht, in die er das Fondsvermögen steckt. In allen Fällen haben Sie lediglich ein paar Stunden Zeitaufwand, um sich die Anlage anzuschauen und anschließend den monatlichen Sparplan auf unbestimmte Zeit einzurichten. Alles andere läuft ab diesem Zeitpunkt ganz automatisch. Wenn Sie Ihre Anlage alle drei bis sechs Monate unter die Lupe nehmen und etwas justieren, reicht das vollkommen aus. Auch wenn der Betrag von beispielsweise 25 Euro auf den ersten Blick gering erscheint, so kann doch nach 15, 25 oder 40 Jahren bei einer durchschnittlichen jährlichen Wertentwicklung von 7 Prozent eine nette Summe daraus entstehen (Inflation und Kosten sind hier nicht berücksichtigt):

- 15 Jahre: 7821
- 25 Jahre: 19.686
- 40 Jahre: 62.137

Egal, welche Ziele und Wünsche Sie in Ihrem Leben haben: Für die meisten Dinge benötigen Sie einen gewissen Betrag an Kapital. Regelmäßig in Sachwerte zu investieren ist eine der besten Möglichkeiten, Ihre Ziele zu erreichen. Ob für die Altersvorsorge, für eine Weltreise, für ein Auslandsstudium, für den Immobilienkauf oder eine größere Anschaffung – die Form des Investmentsparens ist für all diese Zwecke sehr gut geeignet.

Wie Sie dies mit Erfolg tun, zeigen wir Ihnen auf den folgenden Seiten.

Magisches Dreieck

Wenn der deutsche Sparer sich bei der Geldanlage etwas wünschen könnte, so wäre es eine Anlage, die Sicherheit bietet, eine hohe feste Rendite hat, sprich Zinsen abwirft, und zudem noch jederzeit verfügbar ist. Eine dermaßen perfekte Geldanlagemöglichkeit gab es noch nie, gibt es auch heute nicht und wird es auch künftig niemals geben. Sie wäre das Perpetuum mobile der Geldanlage. Was in der Physik nicht möglich ist, wird auch im Bereich Finanzen nicht funktionieren. Bei mindestens einem der drei Kriterien müssen Sie immer Abstriche machen. Das magische Dreieck, siehe Abbildung 18, verdeutlicht diesen Sachverhalt. Jede Ihrer Finanzanlagen kann an einer bestimmten Position innerhalb des Dreiecks platziert werden. Alle Zielkriterien werden jedoch nie gleichzeitig erfüllt.

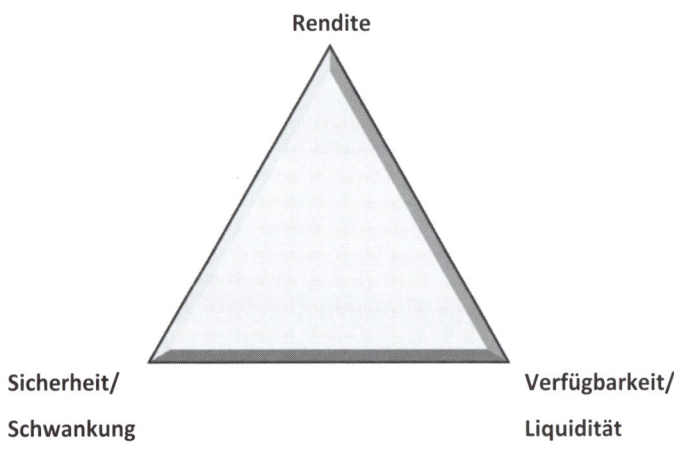

Abbildung 18: Magisches Finanzdreieck, Quelle: eigene Darstellung

Doch dieses Faktum schieben viele zwielichtige Finanzanbieter beiseite. Sie behaupten, es wäre möglich, Rendite, Sicherheit und Verfügbarkeit gleichermaßen zu gewährleisten, und sie treffen damit bei den finanziell unerfahrenen Deutschen genau ins Schwarze. Bei Angeboten, die mit festen und vor allem sicheren 8 Prozent Zinsen beworben werden, wird der findige deutsche Sparer hellhörig. So geschehen bei dem »sensationellen« Angebot von Prokon, sein Geld in Windraft anzulegen. Angeboten wurden Genussscheine, die scheinbar sichere 8 Prozent Zinsen abwerfen sollten. Die zwielichtige Gesellschaft warb meist an öffentlichen Plätzen, in Straßenbahnen und auf Flyern in den Briefkästen der Deutschen mit Slogans wie »An alle Sparfüchse, die sicher und nachhaltig in erneuerbare Energien investieren wollen«[36] oder »Rentabel, Flexibel, Einfach«.

Rentabel war die ganze Anlage jedoch für die Anleger nicht. Die 74.000 meist deutschen Anleger investierten mehr als 1,4 Milliarden Euro in diese Schuldscheine. Bis heute haben die Anleger nur einen geringen Teil ihres Kapitals wiedergesehen, das Unternehmen agiert nach seiner »Sanierung« durch den Insolvenzverwalter als Aktiengesellschaft – aber Gewinne macht es noch immer nicht.

Bitte merken Sie sich, dass eine hundertprozentige Erfüllung aller Kriterien absolut unmöglich ist. Immer wenn jemand mit hohen Zinsen ohne Risiko wirbt, ist Vorsicht geboten. Bereits von der Logik her ist das definitiv unmöglich.

Klar ist aber auch, dass das Dreieck eher theoretischer Natur ist. Dennoch kann man verschiedene Anlageformen in diesem Dreieck einordnen und bewerten.

Das magische Dreieck ist deshalb so magisch, weil es wie ein Naturgesetz den Rahmen für alle Anlageformen vorgibt. Immer wenn Sie versuchen, sich über dieses Naturgesetz hinwegzusetzen, verschwindet Ihr Geld auf magische Weise. Das magische Dreieck der Finanzen soll Ihnen schließlich immer ins Bewusstsein rufen, nicht zu viel zu wollen. Seien Sie nicht blind vor Gier, haben Sie nicht zu viel Angst und seien Sie so klug, auch einen Teil Ihres Geldes schwankungsstark und renditeträchtig anzulegen.

Was ist Risiko?

Wir Menschen wünschen uns Stabilität. Das ist in uns verankert. Zudem sind wir Gewohnheitstiere. Sofern nicht zwingend notwendig, sind Änderungen nicht unbedingt das, was wir uns wünschen. Insbesondere wir Deutschen lieben den Status quo und wissen Zuverlässigkeit und Berechenbarkeit sehr zu schätzen. Das ständige Auf und Ab an der Börse kommt diesem Bedürfnis nicht gerade entgegen. Man kann dem Aktienmarkt ja viel nachsagen, aber Attribute wie Zuverlässigkeit und Berechenbarkeit kommen den meisten Menschen beim Gedanken an die Börse nicht auf Anhieb in den Sinn. Zumindest nicht bei einer kurzfristigen Betrachtung der Ereignisse. Verständlich, dass man bei der Geldanlage, wenn überhaupt, dann nur ein »kontrolliertes Risiko« eingehen will und zu Garantieprodukten greift, die eine Beteiligung an den Chancen des Aktienmarkts bei hundertprozentiger Kapitalgarantie vorgaukeln.

Die zweite Variante ist, sich ganz von Wertpapieren wie Aktien fernzuhalten. »Investments in Aktien und Fonds sind unsicher und spekulativ.« Wer kennt nicht diese Aussagen? Auch wenn er selbst noch keine Erfahrungen auf dem Gebiet der Aktienanlage gesammelt hat, kennt der typische Deutsche mindestens einen nahen Verwandten, der schon einmal Geld mit Aktien verloren hat. Genauere Informationen sind meist nicht vorhanden. Sehr oft ist es die Generation unserer Eltern, die in der Zeit um die Jahrtausendwende die ersten Aktieninvestments wagten und kurze Zeit später mit dem Platzen der New-Economy-Blase eine böse Überraschung erlebten. Nach diesen Erfahrungen schworen sie sich, einen ganz großen Bogen um solche Risiken zu machen und das Geld stattdessen in vermeintlich sichere Sparbücher, Eigenheime und Lebensversicherungen zu stecken.

Natürlich sind die ehemaligen Börseneinsteiger von ihrer Meinung zutiefst überzeugt. Sie raten jedem Mitbürger und vor allem ihren Kindern vehement davon ab, Aktieninvestments einzugehen. Diese Einstellung wird uns Deutsche langfristig ein Vermögen kosten! Was ist hier schiefgelaufen?

Das ganze Dilemma lässt sich mit einem kurzen Vergleich erklären: Stellen Sie sich vor, Sie sind noch nie Ski alpin gefahren und haben das auch nicht von Ihren Eltern oder in der Schule gelernt. Ski zu fahren, das war für Sie immer zu teuer. Stets betonen Sie, dass das ein Hobby für Wohlhabende sei. Doch in Ihrem Bekanntenkreis stellen Sie plötzlich fest, dass immer mehr Menschen in den schönen Alpen Ski fahren und jede Menge Spaß dabei haben. Auch in den Medien wird über das Skifahren sehr häufig berichtet. Sie beschließen nun doch, es einmal auszuprobieren, und legen sich die nötige Ausrüstung zu. Da es alle Bekannten machen, kann es schon nicht so schwer sein, denken Sie sich, und Sie beschließen, keinen Skikurs zu absolvieren, da Sie sich als sehr sportlich einschätzen. Begeistert von den Bergen und den steilen Abfahrten fahren Sie mit Ihren neuen Rennski auf den Gipfel, um die schwarze Piste auszuprobieren (das ist die Piste mit dem höchsten Schwierigkeitsgrad). Sie beobachten die anderen Fahrer und denken, dass Sie das problemlos auch können. Also schnallen Sie sich die Skier an und fahren die schwarze Piste hinunter. Dabei erhöht sich Ihre Geschwindigkeit so rasant, dass ein Sturz schon nach kurzer Zeit aufgrund der fehlenden Kenntnisse und Technik unvermeidbar ist. Sie stürzen und verletzen sich so sehr, dass an weiteres Skifahren nicht zu denken ist. Sie hören auf und werden verletzt nach Hause gefahren. Zurück in der Heimat erzählen Sie Ihren Bekannten und später Ihren Kindern, dass Skifahren mit sehr hohem Risiko verbunden ist und dass Sie es keinem empfehlen. Was ist hier passiert?

Der Skianfänger verweigert einen Skilehrer und fährt, ohne vorher auf flachen Pisten Erfahrungen zu sammeln, direkt die schwierigste Piste hinunter. Das Abenteuer endet mit einem Sturz.

Bei diesem Beispiel ist es einleuchtend und leicht nachvollziehbar, warum es letztlich zu einem so schweren Sturz kam. Beim Aktieninvestment der Deutschen um die Jahrtausendwende haben die Börseneinsteiger jedoch genau mit dieser Mentalität Aktien gekauft. Ohne jegliche Erfahrung im Aktieninvestment, ohne erfahrene Berater, mit Geld, das eigentlich für die Lebenshaltung benötigt wurde, und am Ende mit einem Klumpenrisiko durch den Kauf weniger Einzelaktien aus der gleichen Branche (IT und Telekommunikation) erlitten viele Anleger hohe Verluste. Alle Neuaktionäre hofften, innerhalb weniger Wochen oder Monate das eingesetzte Kapital zu verdoppeln oder zumindest schnell zu vermehren. Was beim Skifahren niemand wagen würde, haben die Deutschen beim Aktienkauf gemacht, ohne zu überlegen. Wie hätte das gut gehen können? Doch anstatt aus ihren Fehlern zu lernen und sie bei künftigen Investments zu vermeiden, etablierten sie eine extrem negative Einstellung zur Börse. Bis heute hat die Anlageklasse Aktien den schlechtesten Ruf, obwohl sie nachweislich langfristig die höchsten Renditen bringt.

Mit diesen Erfahrungen im Gepäck etablierte sich in den folgenden Jahren sehr schnell die einhellige Meinung, dass Aktien und Fonds unsicher seien.

Nun wird der Begriff »Sicherheit« in Deutschland so verstanden, dass das Geld auf dem Spar- oder Girokonto nicht auf einmal weg sein kann. Das ist doch sicher, oder nicht? Aber man kann den Begriff »Sicherheit« bei der Geldanlage noch anders interpretieren.

Grundsätzlich zählen Finanzprodukte unter Experten als sicher, wenn sie wenig in ihrem Wert schwanken. Man sagt auch, sie haben eine geringe bis gar keine Volatilität (Schwankungsstärke). Aktien hingegen haben eine sehr hohe Volatilität und gelten somit als unsicher. Auf den ersten Blick erscheint diese Auffassung auch als vermeintlich richtig. Somit wäre eine hohe Volatilität, also eine große Schwankungsstärke, mit geringer Sicherheit verbunden. Schwankung wird somit als etwas Negatives gesehen.

Doch schon der Philosoph Heraklit stellte im antiken Griechenland fest, dass »alles fließt« (panta rhei, altgriechisch πάντα ῥεῖ): »Alles fließt, und nichts bleibt. Es gibt nur ein ewiges Werden und Wandeln.«

Auch Johann Wolfgang von Goethe beschrieb den ständigen Wandel in seinem Gedicht »Eins und Alles«:

Es soll sich regen, schaffend handeln
Erst sich gestalten, dann verwandeln
Nur scheinbar steht's Momente still
Das Ewige regt sich fort in allen
Denn alles muss in Nichts zerfallen
Wenn es im Sein beharren will.

Diese stetige Entwicklung und Schwankung wird nicht aufhören. Nichts ist beständig, alles schwankt und fließt.

Daher sollten Sie damit beginnen, auch die Preisschwankungen bei Ihren Investments als etwas Positives zu sehen. Denn eine Kursentwicklung nach unten ist für Sie auch immer eine Chance, günstig einzukaufen. Das ist wie bei Ihren neuen Schuhen oder Skiern, die Sie im Winterschlussverkauf mit ordentlichem Preisnachlass erwerben.

Eine Frage müssen wir Ihnen als Leser aber stellen: Erachten Sie es als sicher, Ihr gesamtes Vermögen auf dem Giro- oder Tagesgeldkonto einer Bank zu belassen? Zur Info: Die Bank hat das Recht, das Hundert- bis Tausendfache Ihres eingezahlten Geldes bei einer weiteren Bank als Kredit aufzunehmen und dieses an andere Bankkunden zu verleihen. Ihr gespartes Vermögen darf sie dabei als Sicherheit in ihrer Bilanz hinterlegen.

Schätzen Sie es langfristig nicht als sicherer ein, Ihr Vermögen in 1000 weltweit aktive Unternehmen zu investieren und Anteilseigner dieser Firmen zu sein, anstatt es einer einzigen Bank anzuvertrauen? Ist es wahrscheinlicher, dass eine einzige Bank insolvent wird oder dass 1000 Unternehmen in die Pleite gehen?

Risikoart	Beschreibung	Relevant bei:
Volatilitätsrisiko/ Schwankung	Das Risiko der Preisschwankung einer Anlage	Aktien, Immobilien, Anleihen, Edelmetallen
Währungsrisiko	Das Risiko, durch Devisenkursveränderungen Wertverluste zu erleiden	Allen Geldwerten, Sparkonten in einer Währung, Aktien
Inflationsrisiko	Das Risiko der Geldentwertung und somit eines Vermögensverlustes durch Kaufkraftverlust	Sparbuch, Girokonto, Bausparvertrag, Festgeldanlage
Zinsänderungsrisiko	Das Risiko von sich ändernden Marktzinsen	Festgeldanlage, Bausparvertrag, Eigenheimfinanzierung
Liquiditätsrisiko	Das Risiko, eine Anlage nicht jederzeit zu marktgerechten Preisen verkaufen (liquidieren) beziehungsweise auf das angelegte Geld ohne Verluste zugreifen zu können	Festgeldanlage, Sparbuch, Immobilie Aktien (bei geringem Handelsvolumen → sehr kleine Firmen)
Steuerrisiko	Das Risiko der Änderung der Besteuerung der Erträge	Alle Anlageklassen; etwas Sicherheit gibt es bei vertraglich geregelter Steuerbehandlung

Abbildung 19: Welche Risiken mit einer Geldanlage verbunden sein können, Quelle: Berufsbildungswerk der Deutschen Versicherungswirtschaft (BVW) e. V. (Hrsg.) (2014), Geldanlage und Investmentvermögen: Ausbildungsliteratur, S. 26

Die Preisschwankung ist allerdings nur eines der Risiken bei der Geldanlage. Sie wird unisono bei den Finanzinstituten als Hauptrisikofaktor bezeichnet. Dies ist allerdings nicht ganz richtig. Bei jeder Geldanlage und gerade auch beim beliebten Girokonto und Sparbuch gehen Sie eine Vielzahl von Risiken ein. Abbildung 19 zeigt Ihnen, welchen Risiken Sie bei der Geldanlage in den einzelnen Finanzprodukten noch ausgesetzt sind. Entscheiden Sie bitte danach, wie sicher oder wie risikoreich Ihre Geldanlage wirklich ist.

Das pure Verlangen nach Sicherheit muss bei der Geldanlage hinter-fragt werden. Natürlich muss jeder Anleger am Ende die Entscheidung für oder gegen ein Investment selbst treffen. Doch durch fehlende Kenntnisse und Erfahrungen im Bereich der Finanzen wird die ver-meintliche Sicherheit in vielen Fällen überbetont, was sich im eigenen Anlageportfolio unvorteilhaft auswirkt. Die Politik, die Banken- und die Versicherungsbranche unterstützen dies zusätzlich. Eine Aufklärung findet nur sehr vereinzelt statt.

Wer jedoch langfristig denkt, Vermögen trotz Inflation aufbauen möchte und Kursrückgänge, ohne in Panik zu verfallen, als Chance zum Investieren zum »Schnäppchenpreis« begreift, für den führt kein Weg an einem breit gestreuten Aktienportfolio oder, allgemein gespro-chen, an einem Sachwertportfolio vorbei.

Anlageklassen und -möglichkeiten

Wenn Sie bis zu dieser Stelle des Buches gelesen haben, werden Ihnen einige Anlageklassen und -formen bereits bekannt sein und Sie wer-den diese auch erklären können. Wenn Sie darüber hinaus auch die Vor- und Nachteile und die Charakteristika einer Anlageklasse kennen, sind Sie schon fast ein Profi. Sollten Ihnen jedoch die Begriffe Anleihe, ETF, Zertifikat und Geschlossener Fonds noch wie böhmische Dörfer vorkommen, dann lesen Sie unbedingt die folgenden Abschnitte. Darin erhalten Sie einen ganzheitlichen Überblick über die einzelnen Anlage-klassen. Dabei legen wir den Fokus auf Aktien und Investmentfonds.

Anlageklassen unterscheiden wir in einem ersten Schritt in traditio-nelle und alternative Assets (Vermögenswerte), wie Abbildung 20 zeigt. Traditionell sind Aktien, Anleihen, Geldmarktprodukte und Derivate. Unter die alternativen Anlagen fallen alle übrigen Geldanlagemöglich-keiten wie Private Equity (Beteiligungskapital), Immobilien oder auch

Rohstoffe. Was aber verbirgt sich hinter den einzelnen Begriffen und Klassen?

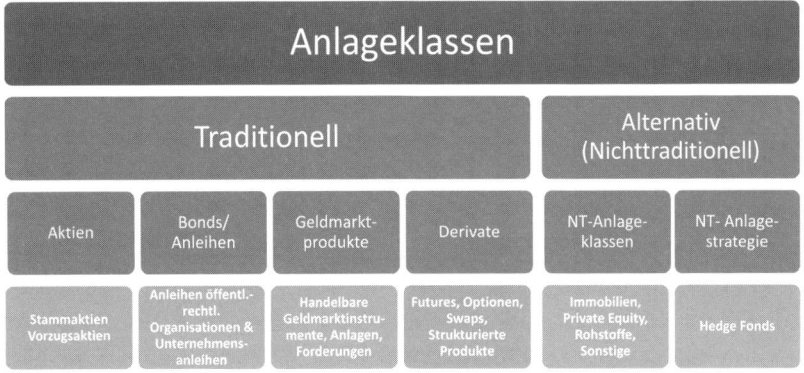

Abbildung 20: Anlageklassen – ein Überblick, Quelle: eigene Darstellung

Aktien

Anleger, die von einem Unternehmen und dessen wirtschaftlicher Stärke überzeugt sind, können durch Aktien Anteile an dem betreffenden Unternehmen erwerben. Ist das Unternehmen erfolgreich, profitiert der Anleger von einer möglichen positiven Entwicklung der Firma. Ebenso trägt er das Risiko einer negativen Geschäftsentwicklung.

Wesentliche Vorteile

- Aktionärsrechte: Dazu zählt u.a. die Teilnahme an der Hauptversammlung mit Stimmrecht.
- Dividende: Sofern Aktiengesellschaften die Ausschüttung einer Dividende beschließen, steht diese den Aktionären zu.
- Transparenz: Börsennotierte Aktiengesellschaften unterliegen diversen Veröffentlichungspflichten durch die Börse.
- Liquidierbarkeit: Aktien sind meist an der Börse handelbar. Dadurch können Anleger kurzfristig ihre Aktien verkaufen und über ihr Kapital verfügen.

Der Aktienkurs

Unternehmen, die neu an der Wertpapierbörse gelistet werden, also die Unternehmensform einer Aktiengesellschaft annehmen, werden finanziell bewertet und dann zu einem entsprechenden Anfangspreis angeboten. Der Unternehmenswert an der Börse wird mit dem Begriff Marktkapitalisierung bezeichnet. Die Marktkapitalisierung errechnet sich durch die Anzahl der ausgegebenen Aktien multipliziert mit dem Aktienkurs. Diese Werte sind allerdings nicht in Stein gemeißelt. Die Marktkapitalisierung eines Aktienunternehmens schwankt kontinuierlich. Das liegt am schwankenden Aktienkurs, der an den Börsen laufend neu berechnet wird. Auf dem Marktplatz, der Börse, werden die Kaufnachfrage und das Verkaufsangebot zusammengebracht. Verbessern sich die Unternehmenskennzahlen wie Umsatz, Gewinn oder auch nur die Anzahl der Kunden, dann erhöhen sich auch die Erwartungen der Investoren. Diese fragen die Aktien des Unternehmens dann vermehrt nach und sind auch bereit, einen höheren Anteilspreis zu zahlen. Damit steigt der Kurs. Er steigt so lange, bis wieder die Mehrzahl der Anleger eher pessimistischere Erwartungen an das Unternehmen hat oder glaubt, der faire Wert der betreffenden Aktie sei erreicht. Die Nachfrage sinkt, und das Angebot an Aktien an der Börse steigt, sodass der Aktienkurs damit wieder fällt. Eine zweite Größe, die den Aktienkurs beeinflusst, ist die Veränderung der Anzahl von Aktien, die im Umlauf sind, durch das Unternehmen. Entweder das Unternehmen benötigt frisches Geld und gibt weitere Aktien zum Verkauf aus, oder es kauft eigene Aktien zurück. Damit sich in beiden Situationen der Unternehmenswert nicht verändert, muss der Aktienkurs entsprechend angepasst werden. Wenn beispielsweise ein Unternehmen 100 Aktien zu je 10 Euro ausgegeben hat und nun weitere 100 Aktien zum Verkauf anbietet, dann muss der Aktienkurs auf 5 Euro je Anteilsschein korrigiert werden, damit die Marktkapitalisierung bei 1000 Euro verbleibt.

Wie eine Aktie hat jedes andere Wertpapier, sei es eine Anleihe, ein Fondsanteil oder ein Zertifikat, ebenfalls einen Anteilspreis (Kurs). Auch dieser ändert sich, wie oben beschrieben, durch Angebot, Nachfrage und die Erwartungen der Marktteilnehmer.

Anleihen

Unternehmen und Staaten benötigen Geld, um ihre Ausgaben zu decken oder weitere Investitionen zu tätigen. Eine Form der Finanzierung ist die Ausgabe von Anleihen. Diese sind nichts anderes als gestückelte Kredite, die an der Börse gehandelt werden. Damit haben sie auch einen Kurs, der allerdings nicht wie bei Aktien in Euro oder US-Dollar ausgedrückt wird, sondern in Prozent vom Nennwert. Dabei entspricht der Nennwert dem Ausgabepreis einer Anleihe zum Starttermin. Anleihen, im Englischen *bonds*, haben eine feste Laufzeit. Der ursprüngliche Nennwert von 100 Prozent wird am Ende dieser Laufzeit in aller Regel zurückgezahlt. Durch die Abhängigkeit vom Marktzinsniveau kann es zwischen Emission und Fälligkeit der Anleihe zu Kursschwankungen kommen, die allerdings nicht so intensiv sind wie bei Aktien. Zins und Kurs verhalten sich dabei entgegengesetzt. Fällt der Zins, wie Sie es in den letzten Jahren beobachten konnten, steigt der Kurs der Anleihe und umgekehrt.

Neben dem Begriff Anleihe werden auch häufig die Begriffe Obligationen, Rentenpapiere oder festverzinsliche Wertpapiere benutzt. Diese bedeuten alle das Gleiche, wobei gerade bei Staatsanleihen die unterschiedlichen Bezeichnungen mit unterschiedlichen Laufzeiten zusammenhängen. Während eine Bundesanleihe eine Laufzeit von fünf bis 30 Jahren haben kann, sind Schatzanweisungen, Bundesobligationen und -schatzbriefe oft nur mit einer Laufzeit von ein bis sieben Jahren ausgestattet.

Eine weitere Unterscheidung gibt es nach der Art des Schuldners, wie Abbildung 21 zeigt. Ist der Schuldner ein Staat, dann heißt die Anleihe Staatsanleihe. Grundsätzlich können Sie von fast jedem Staat der Welt Anleihen erwerben. Je nach Rating und Bonität des Staates erhalten Sie einen hohen oder niedrigen Zins für Ihren Kredit. Die zweite Form ist die Unternehmensanleihe. Wie Sie sich sicherlich denken können, ist der Schuldner in diesem Fall ein privates Unternehmen. Sehr viele Unternehmen guter bis schlechter Bonität geben Anleihen mithilfe von Banken aus, um durch Fremdfinanzierung an Kapital zu kommen. Mithilfe dieses geliehenen Geldes wollen sie investieren und wachsen. Sie als Anleger können dieses Geld zur Verfügung stellen und dafür jährlich Zinsen erhalten.

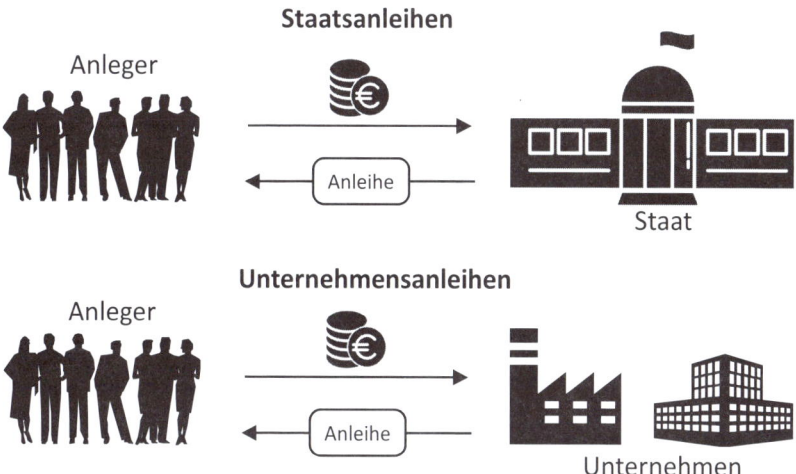

Abbildung 21: Staatsanleihen und Unternehmensanleihen, Quelle: eigene Darstellung

Wie unterscheiden sich nun Aktien und Anleihen? Aktien sind Unternehmensanteile. Addiert man den Wert aller Vermögensbestandteile eines Unternehmens, wie beispielsweise Gebäude, Anlagen und Fuhrpark sowie auch Vertriebsrechte, Patente und das Know-how, so erhält man den sogenannten Buchwert. Teilt man diesen Buchwert durch die Anzahl der ausgegebenen Aktien, so erhält man den

Buchwert pro Aktie. Ist man nun im Besitz einiger Aktien, so ist man entsprechend diesem Buchwert pro Aktie Miteigentümer dieser Unternehmenswerte bzw. des gesamten Unternehmens. Der Buchwert entspricht allerdings nur in den seltensten Fällen exakt dem Preis des Unternehmens, mit dem es an der Börse gehandelt wird. Durch das Kaufen und Verkaufen der Aktien durch die Marktteilnehmer liegt der Preis des Unternehmens meist darüber, in einigen Ausnahmen aber auch unter dem Buchwert. Der Aktienkurs und damit auch der Börsenwert liegen über dem Buchwert, wenn beispielsweise die Anleger eine positive Erwartungshaltung für ein Unternehmen in Bezug auf Umsatz und Gewinn für die Zukunft haben, die sich dann im Aktienkurs widerspiegelt.

Erwirbt der Anleger Anleihen von einem Unternehmen, so ist er nicht Anteilseigner, sondern Gläubiger der Aktiengesellschaft. Ähnlich wie eine Bank einer Privatperson einen Kredit gibt und dafür Zinsen verlangt, kann der Privatanleger durch den Kauf von Anleihen einem Unternehmen Geld leihen und dafür einen festgesetzten Zins verlangen. Verständlicherweise fällt dieser Zins je nach wirtschaftlicher Verfassung des Unternehmens eher gering aus oder bisweilen auch sehr hoch.

Investmentfonds

Wie Sie im folgenden Schema (Abbildung 22) sehen, ist ein Fonds vergleichbar mit einem großen Korb oder einem Sammelbecken, in dem sich die Investitionsgelder von vielen Menschen sammeln.

Das Ziel eines Fonds besteht darin, die Gewinnchancen zu erhöhen und Verlustgefahren zu minimieren. Das Ganze beginnt bereits ab einem monatlichen Sparbetrag von 25 Euro, wobei bei solchen Sparplänen die Höhe der monatlichen Raten individuell festgelegt werden kann und keine Obergrenze hat. Auch eine einmalige Investition in Fondsanteile ist möglich – ab 500 Euro.

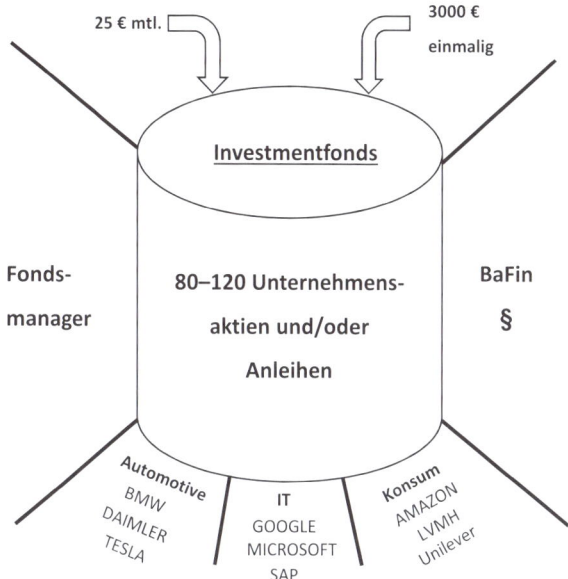

Abbildung 22: Schematischer Aufbau eines Investmentfonds, Quelle: eigene
Darstellung

In einem solchen Fonds können Aktien oder Anleihen enthalten sein.
Die Auswahl der einzelnen Titel übernimmt bei einem aktiv gemanagten Fonds ein Fondsmanager, der meist mit einem Team zusammenar-
beitet und die aussichtsreichsten Titel aussuchen soll. Neben den Banken zählen Fondsanbieter zu den meistregulierten Unternehmen in
Deutschland. Die Aufsicht übernimmt in Deutschland die BaFin (Bun-
desanstalt für Finanzdienstleistungsaufsicht). Jeder Fonds muss über
die BaFin bzw. über die Finanzaufsicht eines anderen EU-Landes erst
einmal zum EU-weiten Vertrieb zugelassen werden und ist verpflichtet,
nur im Namen und Interesse seiner Anleger zu handeln. Jede Fondsgesellschaft wird mindestens einmal im Jahr von einem Wirtschaftsprü-
fer kontrolliert.

Jeder Anleger, der Fondsanteile hält, hat nun einen Anspruch auf einen entsprechenden Teil der gemeinsam erwirtschafteten Investment-

erträge, vor allem Zinsen und Dividenden sowie Kursgewinne. Was sich innerhalb eines Fonds befindet, ist abhängig von der Fondskategorie und dem gesetzten Schwerpunkt. So gibt es Geldmarkt- und Rentenfonds, die nur in Anleihen investieren. Es gibt Immobilienfonds, die in Immobilienanteile investieren. Mischfonds dürfen sehr flexibel sowohl in Anleihen als auch in Aktienbeteiligungen investieren. Und schließlich gibt es Aktienfonds, die zu mindestens 51 Prozent in Aktien investiert sein müssen.

In der Regel investiert ein Fonds in viele unterschiedliche Branchen und in verschiedene Länder. Durch die Streuung in verschiedene Branchen, wie zum Beispiel Automobil, IT, Energie, Lebensmittel oder Gesundheit, reduziert der Fondsmanager das Einzelrisiko. Das heißt, selbst wenn es um einzelne Unternehmen innerhalb des Fonds nicht besonders gut bestellt ist oder ganze Branchen von Zeit zu Zeit eine Schwächephase erleben, sollen die anderen Industriezweige und Unternehmen dies möglichst ausgleichen.

Ein kleines Beispiel hierzu: Sie sparen monatlich 100 Euro in einen Aktienfonds. Viele Fonds investieren in über 100 Unternehmen gleichzeitig. Jedes Unternehmen würde dann einen gewissen Prozentanteil von diesen 100 Euro erhalten. Im Schnitt würde dann in jedes Unternehmen 1 Euro investiert werden.

Sollte es zum *worst case* kommen und ein Unternehmen pleitegehen, hätten Sie von den 100 Euro also nur 1 Euro verloren. Die Gewinne der anderen Unternehmen würden diesen Verlust jedoch recht schnell wieder ausgleichen. Dies ist auch der Ursprungsgedanke eines Investmentfonds. 100 Euro in verschiedene Einzelaktien zu investieren wäre vergleichsweise unpraktikabel, weil es große Unterschiede bei den Aktienkursen gibt und eine Aktie zum Teil mehrere Tausend Euro kosten kann. Durch den Investmentfonds findet eine Risikostreuung statt. Es wird Ihnen ermöglicht, sich breit am unternehmerischen Erfolg von großartigen Unternehmen zu beteiligen.

Weitere Charakteristika von Investmentfonds sind folgende:

- **Verfügbarkeit:**
  Sie erhalten sich bei einem Fonds Ihre finanzielle Beweglichkeit, weil Sie Ihre Fondsanteile börsentäglich jederzeit veräußern können, um Liquidität herzustellen. Eine Ausnahme bilden offene Immobilienfonds, die wir später noch näher erläutern.

- **Kosten:**
  Ein Fonds kostet auch Geld. Um einen Fonds kaufen zu können, benötigen Sie ein Wertpapierdepot, das Sie bei jeder Bank zu unterschiedlichen Konditionen (jährliche Depotgebühr) eröffnen können. Bei jedem Fondskauf fällt einmalig ein Ausgabeaufschlag an. Dieser beträgt je nach Fondsart und Rabatten 1 bis 5 Prozent und wird beim Kauf fällig. Von den investierten 100 Euro gelangen also in der Regel nur 95 bis 99 Euro zur Anlage. Zusätzlich wird eine jährliche Verwaltungsgebühr erhoben, die in der Regel zwischen 0,5 und 2 Prozent liegt.

- **Ausschüttend oder thesaurierend?**
  Diese Begriffe hören sich kompliziert an, sind es aber nicht. Es gibt ausschüttende Fonds und thesaurierende Fonds. Bei ausschüttenden Fonds bekommen Sie regelmäßig Erträge überwiesen. Thesaurierende Fonds schütten die Erträge nicht an Sie als Anteilseigner aus, sondern investieren diese direkt wieder. Mit dem sogenannten Wiederanlageeffekt nutzen Sie den Zinseszins am effektivsten. Das bessert über die Jahre die Gesamtrendite des Fonds deutlich auf.

- **Wie sicher ist Ihr Vermögen in einem Fonds?**
  Ein Totalverlust ist fast unmöglich, trotz teilweise starker Wertschwankungen bei offenen Publikumsfonds. Selbst bei einer Plei-

te ganzer Länder und Unternehmen ist durch die Risikostreuung ein Konkurs des Fonds faktisch nahezu ausgeschlossen.

Auch bei einer Insolvenz der emittierenden Fondsgesellschaft (des Herausgebers des Fonds) ist Ihr Geld noch vorhanden. Es wird als Sondervermögen behandelt und bleibt unangetastet beziehungsweise wird allein zugunsten der Anteilseigner des Fonds liquidiert. Gerade wenn Banken ins Wanken geraten, gehen Sie mit Sparbuch, Bausparvertrag, Lebensversicherung ein sehr viel größeres Risiko ein als bei Fonds, weil Sie bei derlei bankeigenen Produkten das Emittentenrisiko ganz oder zumindest teilweise tragen (die gesetzliche vorgeschriebene Einlagensicherung bei allen Kontenguthaben zum Beispiel beläuft sich gerade einmal auf 100.000 Euro pro Kunde und Bank).

Auch das Risiko, überhaupt Verlust zu machen, schwindet beim Fondsinvestment mit der Zeit deutlich: Die Chance, nach 15 Jahren Anlagedauer an der Börse Gewinne zu machen, liegt bei weit über 99 Prozent, was folgende Abbildung 23 eindrucksvoll beweist.

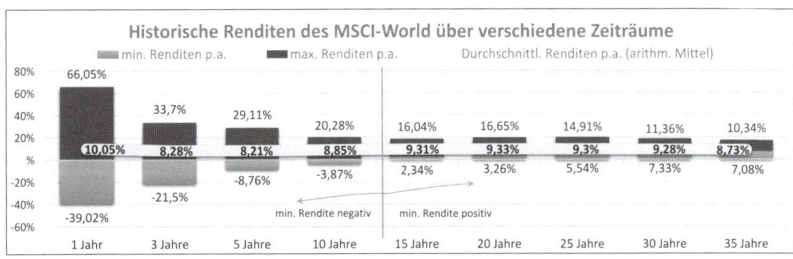

Abbildung 23: Historische Jahresrenditen des MSCI World über verschiedene Zeiträume, Quelle: Lipper InvestBase Plus

- **Über mehrere Fonds streuen**

Sie sollten über die unterschiedlichen Anlagezeiträume sinnvoll über Geldmarkt-, Renten-, Misch- und Aktienfonds/ETFs streuen. Als grobe Faustregel sollte Ihr Portfolio, um den Überblick zu behalten, mindestens fünf, aber maximal 20 Fonds beinhalten. Eine Empfehlung, welche Fonds langfristig am besten laufen, können wir leider nicht geben. Weder kann gesagt werden, dass große Fonds besser laufen als kleine, noch dass neue Fonds besser als alte, oder umgekehrt. Auch müssen Sie sich nicht nur auf deutsche Anbieter konzentrieren. Die Sicherheit ist wegen identischer Anlegerschutzgesetze bei hierzulande erhältlichen Fonds bei ausländischen Investmentfonds gleich hoch wie bei deutschen.

- **Wie hoch ist die Steuer, wenn Sie Gewinne realisieren?**
Im Jahr 2018 ist eine neue Besteuerung von Investmentfonds in Kraft getreten. Diese ist als Ergänzung zu bisherigen Besteuerungsregeln für Privatinvestoren zu sehen und ersetzt diese nicht. Depotbanken behalten automatisch wie zuvor 25 Prozent Abgeltungssteuer von Zinsen, Dividenden und realisierten Kursgewinnen ein und führen diese an das Finanzamt ab. Erträge bleiben jedoch weiterhin bis zum Sparerpauschbetrag von 801 Euro pro Person und Jahr steuerfrei. Bis zu diesem Betrag darf jeder Anleger bei seiner Bank einen Freistellungsauftrag anlegen. Ein solcher Freistellungsauftrag bewirkt, dass die Depotbank von den erzielten Gewinnen bis zu dieser Grenze keine Steuern ans Finanzamt abführt.

Für Investmentfonds greifen seit 2018 zusätzliche Spezialregeln. Bisher waren Erträge innerhalb der Fonds selbst in Deutschland komplett steuerfrei. Lediglich auf der Ebene der Anleger wurde besteuert. Hier tritt zukünftig eine Änderung ein. Deutsche Fonds führen ab 2018 auf Fondsebene 15 Prozent Steuern auf deutsche Dividenden, Mieterträge und Gewinne aus dem Verkauf von Immobilien ab. Rentenfonds sind davon nicht betroffen. Erst danach werden die Erträge an die Anleger ausgeschüttet. Dies führt zunächst zu einer niedrigeren Ausschüttung. Aus diesem Grund erhalten die Anleger allerdings eine Kompensation in Form von Teilfreistellungen.

Das bedeutet, Sie zahlen auf Ausschüttungen des Fonds und Gewinne aus Anteilsverkäufen künftig teilweise keine Abgeltungssteuer. Die Höhe der Teilfreistellungen orientiert sich an der Fondsart: So werden bei Aktienfonds 30 Prozent freigestellt. Für Mischfonds mit einem Aktienanteil von mindestens 25 Prozent sind Teilfreistellungen von 15 Prozent geplant, für Mischfonds mit geringerem Aktienanteil keine. Für Immobilienfonds sind 60 Prozent freigestellt. Hintergrund dieser Neuerung ist der geringere Aufwand bei Depotbanken und der Finanzverwaltung, da statt 33 nun vier Rechengrößen ausreichen, um die Höhe der Abgeltungssteuer zu bestimmen. Zudem müssen Sparer zu ihren Fonds, egal ob im Inland oder im Ausland aufgelegt, keine Angaben mehr in ihrer Steuererklärung machen, da die Depotbank die anfallenden Steuern auf Investmentfonds direkt berechnet, einbehält und ans Finanzamt weiterleitet.[37]

- **Investmentsparen für Kinder – wie bitte?!**
  Ja, Sie haben richtig gelesen. Wer die Magie des Zinseszinses verstanden hat, für den wird es sehr einfach, den Grundstein für die finanzielle Freiheit der Kinder zu legen. Anstatt auf das allseits beliebte Sparbuch zu setzen, bis der Nachwuchs volljährig und das Vermögen aller Wahrscheinlichkeit nach verjubelt ist, bietet es sich an, auch hier an später zu denken und auf Investmentfonds und ETFs zu setzen.
  Ein monatlicher Sparplan mit einer Rate von 50 Euro sorgt über eine Anlagedauer von 67 Jahren und 7 Prozent Rendite pro Jahr für ein Vermögen von knapp 820.000 Euro! Somit muss sich

der Sprössling keine Gedanken mehr über Rentenproblematik oder Altersarmut machen.

Die Fondsarten

Fonds ist nicht gleich Fonds. Grundsätzlich werden sechs verschiedene Gattungen unterschieden, die wir hier im Einzelnen aufführen.

- **Aktienfonds**

  Der Fondsmanager investiert das Geld der Anleger in Aktien. Er erwirbt so mit dem Kapital direkte Firmenanteile und bündelt diese in dem Fonds. Die Auswahl der Aktien erfolgt nach bestimmten Kriterien. Der Fondsmanager hat die Möglichkeit, Aktien aus ausgewählten Branchen wie beispielsweise Pharma, Automobil und Energie oder aus bestimmten Ländern und Regionen zusammenzufassen. Wie der Fonds anlegt, steht in seinen Statuten. Weitere Kriterien können zum Beispiel die Größe der Unternehmen, die Dividendenrendite oder Wachstumserwartungen sein.

  Ein Aktienfonds enthält circa 50 bis 200 Aktien einzelner Unternehmen, die im Idealfall durch Variation der Branchen, Länder und Unternehmensgrößen gut ausbalanciert sind. Dadurch senkt der Fondsmanager die Kursschwankungen des Fonds und erreicht eine kontinuierliche Wertsteigerung bei adäquatem Risiko. Dementsprechend gibt es eine Vielzahl an Aktienfondsstrategien. Langfristig haben Aktienfonds im Vergleich zu den anderen Fondsgattungen die höchsten Renditechancen. Die Ertragschance geht jedoch mit einer erhöhten Schwankungsbreite (Volatilität) einher. Aus diesem Grund eignet sich diese Anlageklasse erst bei einer Anlagedauer von mindestens fünf bis sieben Jahren.

- **Rentenfonds**

  Die meisten Menschen denken bei dem Begriff Rentenfonds an die Rente. Ein Rentenfonds hat jedoch nichts mit der gesetzlichen oder privaten Rentenversicherung zu tun. Der Fonds investiert in Rentenpapiere. Das sind festverzinsliche Anleihen von Schuldnern, zum Beispiel Staaten oder Unternehmen. Da der Schuldner einen regelmäßigen Zins an den Inhaber der Anleihe bezahlt, wird diese regelmäßige Zahlung mit einer Art Zinsrente verglichen. Die verschiedenen Anleihen im Fonds werfen also regelmäßige Zinsen ab, die an Anleger ausgeschüttet oder reinvestiert werden.

  Rentenfonds sind verglichen mit Aktienfonds weniger schwankungsintensiv, erreichen aber auch eine weitaus geringere Ertragsentwicklung. Das Risiko bei Rentenfonds besteht in der Entwicklung des Marktzinses, der den Kurswert der Anleihe beeinflusst.

  Wenn die Zinsen steigen, fällt der Kaufkurs der Anleihe, und das Rentenpapier ist weniger wert. Bei sinkenden Zinsen steigen umgekehrt die Anleihekurse.

- **Mischfonds**

  Sie sind sich nicht sicher, ob Ihnen Aktienfonds zu sehr schwanken, Sie wollen aber mehr Ertrag erzielen als bei einem Rentenfonds? Dann mischen Sie doch beide Anlageklassen und investieren Sie in einen Mischfonds. Der Fondsmanager hat bei dieser Gattung die Möglichkeit, die unterschiedlichen Anlageklassen in einen Fonds zu bündeln und intelligent je nach Marktphase auszubalancieren. Seit geraumer Zeit ist es ihm sogar erlaubt, bis zu bestimmten Grenzen Anteile an Immobilienfonds zu kaufen. Je nach Aktien- und Anleihenanteil im Fonds werden Mischfonds als defensiv (20 bis 30 Prozent Aktien), ausgewogen (50 Prozent Aktien, 50 Prozent Anleihen), aggressiv (70 bis 80 Prozent Aktien) oder flexibel (variable Anpassung je nach Marktphase) bezeichnet.

- **Geldmarktfonds**
  Das Kapital der Anteilseigner von Geldmarktfonds wird in sichere Anleihen mit kurzer Restlaufzeit und kurzfristig verfügbare Bankguthaben angelegt. Der Fondsmanager kann mit der großen Geldmenge attraktivere Zinsen erzielen als der einzelne Privatanleger bei seiner Hausbank für sein täglich verfügbares Bankguthaben. Geldmarktfonds haben eine sehr geringe Rendite, weisen aber auch eine sehr geringe Schwankung auf. Sie eignen sich als Alternative zum Tagesgeld und können als Option für kurzfristig angespartes Geld verwendet werden.

- **Dachfonds**
  Der Fondsmanager eines Dachfonds kauft Anteile anderer Fonds und fasst diese in dem Dachfonds ausbalanciert zusammen. Damit ist diese Gattung mit Mischfonds vergleichbar, da hierbei ebenfalls in Anleihen, Aktien und gegebenenfalls in Immobilienfonds investiert wird. Das Kapital ist ebenfalls über diverse Anlageklassen gestreut. Je nach Ausrichtung der im Dachfonds enthaltenen Fonds kann der Fonds eher ertragsorientiert oder schwankungsarm zusammengestellt sein. Der Nachteil bei dieser Form des Fondsinvestments ist die doppelte Kostenstruktur. Zum einen erhebt die Dachfondsgesellschaft Gebühren, und zusätzlich fallen die Kosten der einzelnen Fonds an. Dies mindert die Rendite.

- **Immobilienfonds**
  Sie können sich als Anleger an großen Immobilienprojekten oder Grundstücken beteiligen, wenn Ihnen das Kapital für eine direkte

große Immobilieninvestition noch fehlt. Das Geld wird durch das Fondsmanagement in Gewerbeimmobilien auf der ganzen Welt investiert. Dabei liegt der Fokus auf Bürogebäuden, Einkaufszentren, Hotels oder auch Lagerhallen. Zudem hält die Fondsgesellschaft eine erhöhte, kurzfristig verfügbare Reserve in kurz laufenden Anleihen, damit Auszahlungen möglich sind. Immobilien können schließlich nicht wie Aktien oder Anleihen börsentäglich gekauft und verkauft werden. Bei einem offenen Immobilienfonds beteiligen Sie sich meist an mehreren Immobilienobjekten und Sie sind etwas flexibler als bei geschlossenen Immobilienfonds. Sie müssen bei der Anlage in offenen Fonds eine Mindestanlagedauer von 24 Monaten einplanen, und auch die Rückgabe von Anteilen ist nur mit einer einjährigen Rückgabekündigungsfrist möglich (gilt für Anlagen seit dem 22.07.13) Im Gegensatz hierzu ist ein geschlossener Immobilienfonds bezüglich der Verfügbarkeit des angelegten Geldes sehr unflexibel. Ein solcher geschlossener Fonds investiert das Geld meist in ein Objekt (eine Immobilie). Die Anleger gehen dabei eine Zweckgemeinschaft ein, die meist mehrere Jahre aufrechterhalten wird, bis das Objekt veräußert wird und die Gelder wieder ausgezahlt werden können.

- **Exchange Traded Funds (ETFs)**
  Die Anlageklasse der ETFs erfreut sich seit einigen Jahren zunehmender Beliebtheit, da der Anleger bei einer günstigen Kostenstruktur ein breit gestreutes Investment tätigen kann. Grundsätzlich ist ein ETF nichts anderes als ein Fonds. Ein ETF bildet die Entwicklung eines Index so exakt wie möglich nach. Weil dazu kein aktiver Fondsmanager nötig ist, spricht man auch von passiven Fonds. Mit den Investitionen in einen Dax-ETF kann der Anleger beispielsweise an der Wertentwicklung der 30 größten deutschen Unternehmen partizipieren. Der Unterschied zu einem

aktiv gemanagten Aktienfonds besteht darin, dass kein Fonds-manager bestimmt, mit welchem Anteil welches Unternehmen in dem Fonds enthalten sein soll. Ein ETF bildet eins zu eins die anteilsmäßige Zusammensetzung des Index ab.

Wie erreicht der ETF-Verwalter die Nachbildung eines Index? Das kann auf zwei verschiedene Arten passieren. Entweder wird der Index durch einen physischen Kauf der enthaltenen Aktien nachgebildet oder er kann synthetisch über Swaps (Tauschge-schäften zwischen der Fondsgesellschaft und einer Bank) nach-gebildet werden.

Bei der physischen Replikation wird der Index im ETF vollstän-dig nachgebildet. Die Fondsgesellschaft trägt hierbei Sorge, dass der ETF alle Aktien jeweils zu dem Anteil enthält, wie sie im jeweiligen Index (zum Beispiel dem DAX) enthalten sind. Man bezeichnet dies als »Vollreplikation«, da der Index zu 100 Pro-zent nachgebaut wird, siehe Abbildung 24.

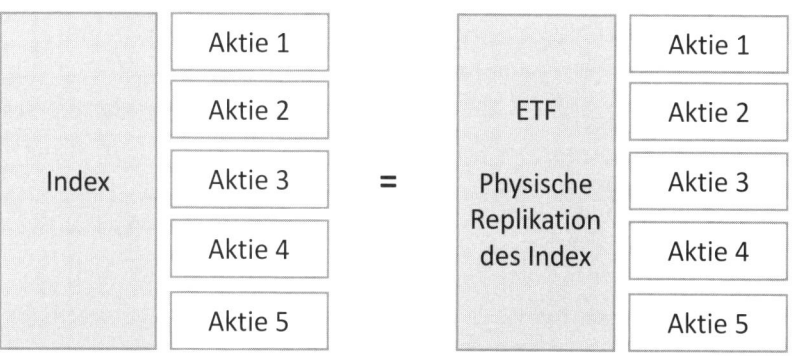

Abbildung 24: Physische Replikation eines Index, Quelle: eigene Darstellung

Bei einer zu hohen Anzahl an Einzelunternehmen in einem Index ist die Indexnachbildung nicht mehr so einfach möglich. Wenn ein Index, wie beispielsweise der MSCI World, aus mehr als 1000 Aktiengesellschaften besteht, dann bildet der ETF-Anbieter entweder synthetisch nach oder er nutzt die sogenannte Sampling-Methode.

Im Fall der Sampling-Methode wird nur ein Teil des Index nachgebaut. Hierbei wird versucht, die Indexnachbildung des ETF zu optimieren, jedoch wird die Möglichkeit von geringen Abweichungen, etwa aus Kostengründen bei der komplexen Replikation, bewusst in Kauf genommen.

Die zweite Möglichkeit ist, wie bereits erwähnt, die synthetische Nachbildung. Bei dieser Replikationsmethode erfolgt die Indexnachbildung über ein Tauschgeschäft (einen Swap). Ein Swap-ETF hält nicht zwangsläufig die Wertpapiere des zugrunde liegenden Index, sondern eine Auswahl an »beliebigen« Wertpapieren wie Aktien und Anleihen. Der Swap-Kontrahent, meist eine Bank, liefert dann gegen ein Entgelt die Wertentwicklung des abzubildenden Index an den ETF. Der Vorteil bei einem Swap-basierten ETF besteht darin, dass der Index effizienter und exakter nachgebildet werden kann, da manche Marktindizes schlicht zu illiquide oder zu breit aufgestellt sind.

Geldmarkt-ETFs wären ohne synthetische Replikation kaum darstellbar. Ein weiterer Vorteil von Swap-ETFs ist, dass die Abweichung (*Tracking Error*) zwischen der Kursentwicklung des Index und der des ETF meist sehr gering ist. Der Nachteil: Fällt der Kontrahent, also der Tauschpartner, aufgrund von Zahlungsschwierigkeiten aus, kann auch der komplette Swap wertlos verfallen – und somit zumindest ein Teil des Kapitals der Investoren. Allerdings darf der Swap bei EU-weit zugelassenen ETFs maximal 10 Prozent des Fondsvermögens betragen. Ein Totalausfall ist also auch bei Swap-ETFs nicht möglich.

Aber genug zu den Nachbildungsdetails. Wo liegen die Vor- und Nachteile des Investments in ETFs?

- **Leichte Handelbarkeit:** ETFs kaufen Sie einfach wie eine Aktie kostengünstig bei einem Online-Broker. Der Kauf erfolgt stets über eine Börse und nicht direkt bei der Fondsgesellschaft (ETF = Exchange Traded Fund = börsengehandelter Fonds).

- **Liquidität:** ETFs können während der üblichen Börsenöffnungszeiten gehandelt werden, im Gegensatz zu klassischen, aktiv gemanagten Fonds, die beim Kauf über die Fondsgesellschaft nur einmal täglich handelbar sind.
- **Niedrige Kosten:** Die jährlichen Managementgebühren sind im Vergleich zu aktiv gemanagten Fonds wesentlich günstiger. Zudem ist beim Erwerb kein Ausgabeaufschlag zu zahlen. Der Grund liegt darin, dass eben durch den passiven Abbildungsansatz auch kein aktives Portfoliomanagement durch den Fondsmanager und sein Analystenteam notwendig ist.
- **Hohe Diversifikation (Streuung):** Als Anleger haben Sie die Möglichkeit, mit ETFs einen ganzen Wertpapierkorb mit vielen verschiedenen Aktien oder Anleihen zu kaufen, ohne diese einzeln in Ihrem Depot halten zu müssen. Damit können Sie sich schon mit niedrigen Summen breit gestreut am Markt beteiligen.
- **Sparplanfähigkeit:** Viele der ETFs (aber auch aktiv gemanagte Fonds) sind sparplanfähig und auch mit monatlich niedrigen Beträgen ab 25 Euro besparbar. Das erleichtert den Einstieg in ein breit gestreutes Portfolio mit wenig Geld.
- **Sondervermögen:** Generell sind Fonds, und dazu zählen auch die ETFs, Sondervermögen der jeweiligen Investmentgesellschaft. Das Fondsvermögen wird vom Betriebsvermögen des ETF-Anbieters getrennt gehalten. Im Fall einer Insolvenz der ETF-Gesellschaft sind Kundeneinlagen als Sondervermögen getrennt. Das heißt, sie stehen den Anteilseignern zur Verfügung, und die Gläubiger der ETF-Gesellschaft haben keinen Zugriff darauf.

ETFs bieten viele Vorteile, haben jedoch auch Nachteile, die an dieser Stelle erwähnt werden müssen.

Keine Outperformance des gewählten Index: Durch die reine Abbildung des Index und die hundertprozentige Replikation kann der ETF den Markt nicht outperformen, also keine höhere Rendite erwirtschaften als der Markt. Einem aktiv gemanagten Fonds kann das durchaus gelingen.

Swap-basierte ETFs beherbergen ein Kontrahentenrisiko: Explizit bei swap-basierten ETFs, wie sie meist bei kleineren Indizes oder illiquiden Märkten verwendet werden, entsteht durch den Swap ein Kontrahentenrisiko. Dies bedeutet, dass es bei Zahlungsschwierigkeiten des Kontrahenten, sprich Tauschpartners (meist einer Bank) zu teilweisen Ausfällen beim ETF kommen kann.

ETFs gibt es inzwischen für Indizes jeder erdenklichen Anlageklasse. Zu den besonders verbreiteten gehören hierbei:

- Aktien
- Anleihen
- Geldmarkt
- Währungen
- Rohstoffe
- Immobilien (hier handelt es sich aber um Immobilien-Unternehmen und nicht die Gebäude selbst, in die der ETF investiert)

Wichtig: ETCs sind keine ETFs

Wenn Sie in Rohstoffe investieren möchten, dann stolpern Sie vielleicht auch über die Abkürzung ETC. ETCs bieten die Möglichkeit, in Rohstoffe wie Rohöl oder physisches Gold zu investieren. Dabei steht die Abkürzung für Exchange Traded Commodities (börsengehandelte Rohstoffe). Jedoch sollten Sie hier die fundamentalen Unterschiede zwischen ETFs und ETCs kennen. ETCs sind, anders als ETFs, keine Fondskonstruktionen. Das Anlagekapital wird dementsprechend auch nicht als Sondervermögen gehalten. Damit haben Sie bei einem Investment den ETC-Anbieter und dessen Finanzstabilität als Risiko zu betrachten. Dies nennt man Emittentenrisiko. ETCs sind dementsprechend eine unbefristete Schuldverschreibung, ähnlich wie Zertifikate.

Zu den wichtigsten ETF-Anbietern zählen folgende:

- iShares
- Invesco PowerShares
- Lyxor
- db X-trackers
- ComStage
- Amundi
- EasyETF
- ETF Securities
- ABN AMRO
- Credit Suisse
- UBS
- Vanguard Investment

Dabei ist iShares, ein Tochterunternehmen des Finanzkonzerns Blackrock, mit Abstand Marktführer in diesem Segment und bietet ein breites Spektrum an ETFs an. Die weiteren ETF-Anbieter haben ebenfalls sehr interessante Produkte im Angebot. Schauen Sie, welche ETFs bei Ihrer Depotbank im Angebot und außerdem sparplanfähig sind.

Das Produktinformationsblatt bei Fonds oder ETFs (KIID)

In den Jahren der Finanzkrise fielen einige Sparer mit komplexen Finanzprodukten auf die Nase, da sie die Strategie der gekauften Wertpapiere schlichtweg nicht richtig eingeschätzt und verstanden hatten. In der Folge mehrten sich die Beschwerden von Verbraucherschutzorganisationen, die mehr Transparenz und Vergleichbarkeit der angebotenen Wertpapiere (Fonds) einforderten. Seit dem Jahr 2011 ist das KIID bei allen Anlageprodukten Pflicht. KIID steht für »Key Investor Information Document« und ist ein Produktinformationsblatt mit den wichtigsten Daten.

In Deutschland wird das KIID auch als »Wesentliche Informationen für den Anleger« bezeichnet. Da es sich nicht um Werbematerial handelt, muss sich jeder Fondsanbieter an den gesetzlich vorgeschriebenen Aufbau und Inhalt halten. Dabei sollten die Informationen möglichst auf zwei bis drei Seiten kurz zusammengefasst sein.

Da der systematische Aufbau eines KIIDs immer der Gleiche ist, können Fonds wesentlich einfacher miteinander verglichen werden als früher. Anleger gewinnen mit den KIIDs viel Transparenz bei der Planung ihrer Investments. Vor dem Kauf eines Fonds ist es somit ratsam, dieses Dokument zu lesen, um eine fundierte Anlageentscheidung treffen zu können.

Das Datenblatt gliedert sich in mehrere Abschnitte, die im Folgenden näher erläutert werden.

- **Ziele und Anlagepolitik**: Im ersten Abschnitt erklärt die Fondsgesellschaft, in welche Art von Aktien oder sonstige Vermögenswerte mit dem entsprechenden Fonds investiert wird. Es werden Informationen über die Region, die Größe der Aktiengesellschaften, die Branche, die Art der Anleihen im Portfolio und die Fondswährung gegeben sowie darüber, an welchem Vergleichsindex sich der Fonds orientiert.
- **Risiko- und Ertragsprofil**: Im Risiko- und Ertragsprofil wird erläutert, welchen Risiken der Fonds unterliegt. Jeder Fonds wird einer Risikokategorie (Schwankungskategorie) auf der von Skala eins bis sieben zugeordnet (vgl. Abbildung 25). Es wird zudem erklärt, weshalb der beschriebene Fonds die gewählte Risikoklasse aufweist.

Risiko- und Ertragsprofil eines Fonds

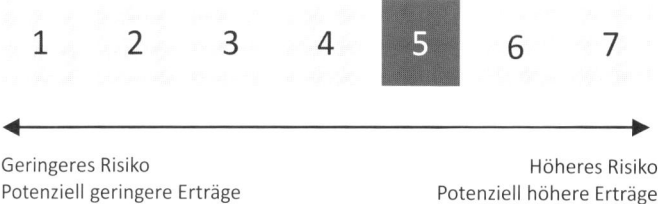

| 1 | 2 | 3 | 4 | **5** | 6 | 7 |

Geringeres Risiko   Höheres Risiko
Potenziell geringere Erträge   Potenziell höhere Erträge

Abbildung 25: Skala mit Risikoklassen bei Investmentfonds, Quelle: eigene Darstellung

- **Kosten:** Hier werden einerseits die einmaligen Kosten beim Kauf von Anteilen aktiver Fonds (Ausgabeaufschlag) sowie die regelmäßigen Kosten (jährliche Verwaltungskosten) bei der Anlage in den betreffenden Fonds oder ETF aufgelistet.
- **Frühere Wertentwicklung:** Dieser Abschnitt zeigt die Wertentwicklung des Fonds in der Vergangenheit mithilfe eines Balkendiagramms auf, wobei die Kosten und Gebühren (exklusive Ausgabeaufschlag) bereits abgezogen wurden. Zudem wird das Auflagedatum des Fonds genannt. Die frühere Wertentwicklung ist dabei aber nur bedingt ein Anhaltspunkt für die zukünftige Wertentwicklung.
- **Praktische Informationen:** Darunter finden sich beispielsweise Informationen zur Depotbank, zur Frage, welchem Steuerrecht der Fonds unterliegt, oder welche Aufsichtsbehörde zuständig ist.

Aktive Fonds oder ETFs – was ist besser?

Liebe Fondsmanager, liebe ETF-Jünger, vertragt euch doch und lasst uns gemeinsam dafür kämpfen, dass einfach mehr Menschen die Sinnhaftigkeit und die Notwendigkeit der Beteiligung an der realen Wirtschaftsentwicklung erkennen. Ob sie diesen Weg mit aktiv gemanagten Fonds oder ETFs gehen, ist für den Erfolg doch nicht entscheidend. Schon gar nicht, wenn wir beide Anlageformen mit den klassischen Alternativen wie Sparkonto, Bausparvertrag oder Lebensversicherung vergleichen.

Warum trotzdem vehement darüber diskutiert wird, welche Form der breiten Aktienbeteiligung intelligenter und lukrativer ist und warum beide ihre Daseinsberechtigung haben, erfahren Sie in diesem Abschnitt.

Die Anlage in ETFs ist einfach, kostengünstig, und man kann mit wenig Geld schon sehr effizient den Gesamtmarkt oder auch kleinere Märkte abbilden und besparen, seien es Aktienmärkte oder auch Anleihenmärkte. Wieso sollten Sie also in aktive Fonds investieren, um eine ähnliche Streuung und Performance zu erhalten, aber dafür noch das Fondsmanagement bezahlen? Die Frage ist berechtigt, da nachweislich je nach Vergleichsperiode und -dauer 50 bis 90 Prozent der aktiven Fonds ihren gültigen Vergleichsindex nicht schlagen.[38]

Dennoch haben aktiv gemanagte Fonds sehr wohl ihre Vorteile. So kann mit ETFs eben nicht so einfach in *alle* Märkte, Branchen und Länder bzw. Regionen investiert werden. Wenn Sie sehr spezielle Nischenmärkte wie die Wirtschaft in Vietnam oder eine spezielle Branche in Brasilien im Depot haben möchten, ist es sinnvoller, einen versierten Fondsmanager an Ihrer Seite zu haben, der die Unternehmen kennt und weiß, worauf er in dem speziellen Markt achten muss und was er vermeiden sollte. Ein klassischer ETF könnte zwar den Markt abbilden, dies aber immer nur zu 100 Prozent. Er investiert also nicht nur in die guten Äpfel im Index, sondern auch in die faulen. Genau dies ist bei sehr engen Nischenmärkten hochriskant und kann zu hohen Risiken führen. Zudem ist in der Regel die Abbildung eines Nischenmarkts mit wenig Handelsvolumen über einen ETF durch den bekannten Swap synthetisch nachgebildet, was wiederum ein Kontrahentenrisiko mit sich bringt. Doch nicht nur für kleine Nischenmärkte sind aktive Fonds interessanter. Abbildung 26 zeigt den Vergleich der durchschnittlichen Zehn-Jahres-Performance von aktiv gemanagten Fonds im Vergleich zu ETFs für einzelne Branchen und Länder.[39]

Anlageschwerpunkt	Wertentwicklung 10 Jahre p.a. in Prozent		
	aktive Fonds	ETFs	Differenz
Biotechnologie	278,2	354,1	75,9
USA	96,5	134,2	37,7
Industriewerte	57,3	83,2	25,9
Asien	62,4	77,5	15,1
Global	54,9	69,6	14,7
Emerging Markets	35,3	49,7	14,4
Japan	22,7	30,2	7,5
Europa	28,8	31,3	2,5
Euro-Land	16,6	11,5	-5,1
Finanzwerte	2,2	-5	-7,2
Deutschland	72,8	64,6	-8,2
Gesundheit	128,2	116,9	-11,3
Basiskonsumgüter	152,8	136,6	-16,2
Versorger	18,3	-7,2	-25,5
China	112,5	66,8	-45,7
Informationstechnologie	134,3	54,8	-79,5

Abbildung 26: Vergleich der Wertentwicklung von aktiv gemanagten Fonds und ETFs, Quelle: ARTS Asset Management, Stand 5/2017, Wertentwicklung auf Eurobasis

Was ist hier zu sehen? Man erkennt sehr schnell, dass in den letzten Jahren die passive Abbildungsstrategie mit kostengünstigen ETFs gerade auf dem US-amerikanischen Markt und auch in der Technologiebranche sowie in sechs weiteren Märkten die Nase vorn hatte. Hier sehen Sie klare Renditevorteile. Genauso bemerkenswert ist jedoch, dass zahlreiche Branchen nicht so berechenbar sind. Hier kommt es auf eine ganz genaue Aktienauswahl an, wenn Sie als Anleger über ein Jahrzehnt eine ansehnliche durchschnittliche Jahresrendite verzeichnen möchten. Gerade in sehr schwierigen Bereichen wie dem Energiesektor, dem chinesischen Markt oder der IT-Branche empfiehlt sich die Anlage in einen aktiv gemanagten Fonds. Hier sind die Unterschiede sehr deutlich. Eine weitere Ursache dieses Phänomens ist, dass die Märkte unterschiedlich transparent sind. In einem Markt wie den USA stehen Informationen für alle Marktteilnehmer und Investoren zeitnah zur Verfügung. Insiderinformationen sind weniger wert, weil sie schnell öffentlich werden. Anders sieht es in den benannten Märkten China, IT oder auch Energie aus. Hier haben Branchenkenner klare Informationsvorteile, die sich schließlich auch in der Rendite niederschlagen.

Noch ein zweiter Punkt neben der Rendite ist ebenfalls elementar. Bei der Anlage spielt auch immer die Volatilität (Schwankungsbreite), also das eingegangene Risiko in Relation zu einer bestimmten Rendite, eine Rolle.

Da ETFs von Haus aus immer zu 100 Prozent investiert sind, weil sie ja schließlich den Markt eins zu eins abbilden, ist das Geld von ETF-Anteilseignern auch in Abwärtsmärkten immer voll investiert. Zwangsläufig entstehen dadurch stärkere Schwankungen. Möchten Sie als Anleger allerdings nur für fünf oder sieben Jahre investieren, sollten Sie den Anspruch haben, eine gute Rendite bei geringer Preisschwankung zu erhalten. Hier haben aktive Fonds ebenfalls einen Vorteil, da der Fondsmanager jederzeit seine Cash-Quote, also den Kassenbestand, durch Verkauf von Aktienpositionen erhöhen kann. Zusätzlich kann er durch verschiedene Absicherungen (etwa mithilfe von Optionen) eine Schwankung dämpfen, sodass Sie als Anleger ruhiger schlafen.

Die ETF-Anlage ist demnach eine gute Wahl für den breiten Markt USA. Aber auch hier lauern Fallstricke. Bedenken Sie: Bei

4000 amerikanischen Aktien sind sage und schreibe 5000 Indizes verfügbar. Sie als Anleger finden auch zu praktisch jedem dieser Indizes den passenden ETF. Da kann man schnell den Überblick verlieren. Unerfahrene Sparer können hier schnell auf den falschen Weg kommen und eine verkehrte Auswahl treffen. Gerade für Langfristinvestoren, die sich weniger häufig mit dem Thema Finanzen beschäftigen möchten, ist es ein guter Rat, die Verantwortung für die Anlageauswahl an das Fondsmanagement abzugeben, auch wenn dafür eine kleine Gebühr fällig wird. Schließlich sind sogar die Reichsten der Reichen mit ihren Anlagen meist bei großen Fondsgesellschaften und ihren eigenen *Family Offices*, aber weniger in ETFs investiert. Ganz falsch kann das also nicht sein.

Unsere Philosophie besteht darin, beide Anlagemöglichkeiten zu nutzen und die Vorteile beider Seiten zu genießen. Je nach Philosophie kann man die eine oder andere stärker gewichten, denn im Grunde kommt es, wie so oft im Leben, auch bei aktiven und passiven Fonds auf den richtigen Mix an.

Immobilien

Immobilen, wie bereits erwähnt der Deutschen liebstes Kind, werden wir hier nun als Investment betrachten. Dass sie mit Fug und Recht zu den Investments gezählt werden können, entdecken immer mehr Menschen. Sie kaufen fleißig Wohnungen oder Häuser zur Vermietung. In der aktuellen Niedrigzinsphase ist dies grundsätzlich keine schlechte Idee, auch wenn die Kaufpreise schon hohe Werte erreicht haben. Dennoch sollte man sich immer auch die Nachteile vor Augen führen, die ein solches Investment zwangsläufig mit sich bringt. Im Folgenden beleuchten wir diese Investmentkategorie von allen

Seiten, vergleichen sie mit der klassischen Aktienanlage und geben Tipps zum Weiterlesen und zur Wissensvertiefung.

Da dieses Buch den Fokus auf Börseninvestments richtet, besteht beim Thema Immobilien kein Anspruch auf Vollständigkeit. Hier also ein kurzer Überblick. Immobilien als Direktinvestment haben gegenüber der Anlage in klassische Wertpapiere wie Aktien und Fonds einige Vorteile:

- **Physische Anlage:**
  Das erste Argument, das für eine Immobilie spricht, ist für den einen wichtiger und für den anderen weniger wichtig, aber durchaus bedenkenswert. Eine Immobilie, die Sie direkt besitzen, ist physisch vorhanden. Sie können sie anfassen, renovieren und jederzeit betreten. Im Vergleich zu Wertpapieren, unter denen viele Menschen sich nichts Konkretes vorstellen können, sind Immobilien etwas sehr Konkretes.

- **Regelmäßiger Cashflow:**
  Ein Immobilieneigentümer erhält spätestens nach Abzahlung des Kredits einen regelmäßigen Betrag auf sein Konto. Das kann die Miete, die Pacht oder die Nutzungsgebühr sein. Das Geld fließt im Vergleich zu Dividenden oder Zinszahlungen sehr regelmäßig, meist monatlich. Nach Tilgung des Kredits erhält der Eigentümer dann eine schöne Zusatzeinnahme, die sogar regelmäßig steigt. Er muss sie allerdings versteuern.

- **Hebel durch Kreditfinanzierung:**
  Bei Immobilien kann es sich lohnen, sich den Leverage-Effekt zunutze zu machen. Dies bedeutet, dass Sie die Immobilie mit einem Kredithebel (Leverage) kaufen und somit lediglich 10 bis 20 Prozent Eigenkapital zum Kauf aufbringen müssen. Der

Rest wird von der Bank bereitgestellt, und die Immobilie wird als Sicherheit bei der Bank hinterlegt. Durch Vermietung der Wohnung tilgt die Miete bei richtiger Kalkulation die monatliche Kreditrate. Daher wird kein monatlicher Cashflow aus Ihren eigentlichen Einnahmen zur Finanzierung der Immobilie benötigt. Den Vorteil des Kredithebels kann man in der Regel nur bei Immobilien nutzen, da Bankinstitute durch die Eintragung im Grundbuch eine hohe Sicherheit haben. Wertpapiere mit Kredit zu kaufen ist zwar auch möglich, aber höchst spekulativ und nicht empfehlenswert, da Banken hier bei zu hohen Kursschwankungen sehr schnell nach höheren Sicherheiten verlangen.

- **Steuern sparen:**
Beim Thema Steuern hat die Vermietungsimmobilie gegenüber anderen Anlagegattungen noch die Nase vorn. Dies liegt an der steuerlichen Absetzbarkeit aller Aufwendungen, die Sie in Bezug auf die Immobilie tätigen. Jeder Aufwand, der dem Erhalt oder der Wertsteigerung dient, kann beim Finanzamt angemeldet werden und reduziert somit den Gewinn durch eingenommene Mietzahlungen. Weiterhin gilt nach wie vor das Gesetz, nach dem Sie Ihre Immobilie nach zehn Jahren Haltedauer veräußern können, ohne dass die Veräußerungsgewinne versteuert werden müssten. Diesen Vorteil haben Wertpapiere nicht (mehr). Hier wird bei Verkäufen mit Gewinn zu jeder Zeit die Kapitalertragssteuer fällig.

- **Disziplin und Durchhaltevermögen:**
Die Vorsätze und Strategien können noch so gut sein – manchmal spielt uns unser Verstand einen Streich, und wir werfen für kurze Zeit all unsere Überzeugungen über Bord und handeln

völlig unüberlegt. So passiert es, dass wir hier einen tollen Urlaub auf Hawaii buchen oder dort die schicke Harley-Davidson kaufen, da sie schon immer unser Traum war. Bei Aktien und Fonds gilt dann: Nehmt euch in Acht, denn mit ein paar Klicks ist alles verkauft und das Geld auf dem Konto gutgeschrieben. Nicht so bei Immobilien. Auch wenn Sie der Verführung ausgesetzt sind, die Immobilie zu verkaufen, um damit Gewinne zu erzielen oder einfach frisches Geld zu erhalten: Es dauert in der Regel mehrere Wochen oder gar Monate, bis ein solcher Verkauf abgeschlossen ist. Es vergeht also eine lange Zeit und verursacht hohen Aufwand, was die Chance erhöht, dass die analytische Gehirnhälfte doch noch die Notbremse zieht und den Verkauf verhindert. Somit ist die Immobilie unter dem Gesichtspunkt der Disziplin besser als ein Wertpapierdepot, da Sie nicht so leicht in Versuchung kommen, Ihre Investments spontan wieder zu liquidieren.

- **Sparraten werden von anderen bezahlt:**
  Anders als beim klassischen Depotsparplan, den Sie monatlich aus Ihrem Einkommen bestreiten, zahlt sich die Immobilie quasi von selbst. Die Sparrate wird von einer dritten Person getragen. Das ist natürlich nur bei Vermietung der Fall, wenn Kredit- und Mietbetrag im richtigen Verhältnis zueinander stehen. Auch wenn Sie zeitweise Ihre Stelle verlieren und kein Arbeitseinkommen mehr haben, bleibt eine Sparrate bestehen, da die Miete ja unabhängig davon fließt.

- **Geringere Volatilität bzw. Preisschwankung:**
  Vergleicht man Immobilien und Aktien in Bezug auf die Preisschwankung, gibt es Unterschiede. Aktien schwanken in der Regel kurzfristig sehr stark, und diese Schwankung des Prei-

ses ist zudem auch noch zig Mal an jedem Börsentag abrufbar. Ganz anders Immobilien. Die Preise bewegen sich eher in langen Zyklen und sind nicht sehr transparent. Schließlich lassen Sie nicht jeden Tag Ihre Wohnung oder Ihr Haus von einem Spezialisten bewerten. Dadurch entsteht der Vorteil, als Immobilieneigentümer bei Preisschwankungen nicht so schnell in Panik zu verfallen und Kurzschlussreaktionen zu zeigen. Bei der Immobilie plant und handelt man als Anleger in der Regel sehr langfristig, wie man es eigentlich auch bei Aktien und Fonds machen sollte. Da dieses wohlüberlegte Vorgehen bei der Immobilie zwangsläufig leichter fällt, hat sie hier einen kleinen Vorteil.

Nun kommen wir zu den Nachteilen. Denn auch diese sind elementar, und jeder Immobilieninvestor sollte sie kennen, bevor er sich für ein Arrangement entscheidet.

- **Immobilien als Direktinvestment sind teuer:**
Wenn man in eine Wohnung oder sogar in ein Mehrfamilienhaus investiert, dann geht es direkt um Investitionssummen im sechsstelligen Bereich. Auch wenn der Großteil meist über die Bank finanziert wird, so schlagen die Kaufnebenkosten und das notwendige Eigenkapital ordentlich ins Gewicht. Mit 10 bis 12 Prozent Kaufnebenkosten (Makler: gut 5 Prozent, Notar: 1,5 Prozent, Grunderwerbssteuer: bis zu 6,5 Prozent), die in einzelnen Fällen sogar noch höher liegen können, sind bei einem Preis von 200.000 Euro schnell 20.000 bis 25.000 Euro an zusätzlichem Kapital notwendig. Richtig günstig ist demgegenüber die Beteiligung an Aktien und Fonds, da Sie hier einerseits bereits ab 25 Euro monatlich eine Beteiligung eingehen können und andererseits bei den Kaufnebenkosten (Orderentgelte und ggf. Fondsgebühren) meist unter 2 Prozent liegen.

- **Das Klumpenrisiko bzw. die fehlende Streuung:**
  Eine grundlegende Investmentregel lautet, das angelegte Geld auf verschiedene Wertpapiere zu streuen. Denn: »Wer streut, rutscht nicht.« Wenn Sie noch kein Multimillionär sind, ist es für Sie bei der Kapitalanlage in Einzelimmobilien praktisch unmöglich, diese Regel zu befolgen. Immobilienbesitz bedeutet immer, einen sehr hohen Geldbetrag fest in einem einzigen Anlageobjekt gebunden zu haben. Sie sind hier sehr vielen Risiken in Bezug auf dieses Einzelobjekt ausgesetzt. Besser ist die Diversifikation. Dies geht bei der Anlage in Fonds natürlich viel einfacher, da Sie hier mit kleinsten Beträgen bereits eine hohe Streuung erreichen können. Aus diesem Grund hat die Direktinvestition in Immobilien hier einen klaren Nachteil.

- **Risiken durch die Kreditfinanzierung:**
  Ja, das kann auch ein Nachteil sein, da der Hebel in beide Richtungen sein Potenzial entfalten kann. Wenn die Preise steigen und alles nach Plan läuft, dann partizipiert der Eigentümer einer Immobilie von den steigenden Preisen umso mehr, als er nicht nur sein eigenes Geld in das Objekt gesteckt hat, sondern auch das von der Bank geliehene. Sollten die Preise allerdings sinken, sollte die Immobilie unentdeckte Mängel aufweisen oder der Mieter nicht zahlen, dann wird der Kredit schnell zur monatlichen Belastung, die bei allzu aggressiver Verschuldung (80 oder 90 Prozent Fremdkapital) die persönliche Existenz bedrohen kann.

- **Viel Wissen ist notwendig:**
  Um eine fundierte Entscheidung bei der Anlage in Immobilien zu treffen und nicht aufs Geratewohl die erstbeste Immobilie zu kaufen, ist definitiv ein breites Grundlagenwissen nötig. Hier sollten Sie sich die Grundlagen des Mietrechts, der Finanzierungsmoda-

litäten, der Immobilienverwaltung und der Nebenkostenabrech-
nungen aneignen. Natürlich nehmen Ihnen verschiedene Anbieter für einen entsprechenden Betrag diese Arbeit ab. Allerdings
schmälern diese Kosten wiederum Ihre Rendite. Auch bei der
Bewertung der Immobilie sollten Sie die relevanten Faktoren in
Ihre Betrachtung einbeziehen, sofern Sie keinen Immobiliensach-
verständigen hinzuziehen. Generell benötigt man bei jeder Anlageklasse ein gewisses Vorwissen. Im Immobilienbereich muss
dieses aber besonders umfangreich sein.

- **Verwaltungsaufwand und Vorarbeit:**
  Bis Sie die passende Immobilie gefunden haben, kann es schon
  einige Monate dauern. Die Recherche, die Besichtigungen in womöglich weit entfernten Städten und dann schließlich die zahlreichen Wege zur Bank und zum Notar kosten viel Zeit. Nach
  dem Kauf erwarten Sie Mieterwechsel, Reparaturen und weitere
  Themen, die wiederum viel Zeit kosten und Aufwand verursachen – anders als etwa bei einem Fondssparplan, der nach dem
  Einrichten von allein läuft, oder beim Aktienkauf, der lediglich
  eine einmalige Aktion erfordert.

- **Rendite:**
  Der Hauptgrund für diese oder jene Geldanlage ist bei allen
  Investoren natürlich die Rendite. Bei Immobilien ist diese von
  vielen Faktoren abhängig, zumal viele Anleger nicht über ein
  breites, europaweites Immobilienportfolio verfügen und somit
  nicht die generelle Preisentwicklung abbilden, sondern eine sehr
  individuelle.
  Eine DIW-Studie aus dem Jahr 2014 kommt zu dem Schluss,
  dass über 50 Prozent der Immobilienbesitzer nach Inflation keine oder nur eine sehr geringe Jahresrendite erwirtschaften.[40] Das

liegt natürlich an den großen Unterschieden zwischen den einzelnen Immobilien. Es kommt etwa darauf an, ob der Investor in Berlin, in London oder in der Provinz investiert hat. Jedoch darf auch die Rendite einer Immobilie in München nicht überschätzt werden. So waren zwar in den letzten Jahren teils zweistellige Jahresrenditen möglich. Bei der Betrachtung über 30 oder sogar 40 Jahre fällt die Durchschnittsrendite aber schon geringer aus und liegt bei etwa 2 bis 3 Prozent pro Jahr. Hier weist ein durchschnittlicher Weltaktienfonds mit stabilen 6 bis 7 Prozent Performance pro Jahr eine weitaus höhere Rendite auf.

- **Die Liquidität ist gering:**
  Wer einmal in eine Immobilie investiert hat, wird diese so schnell nicht wieder los. Ein schneller Verkauf und somit die Liquidation des im betreffenden Objekt gebundenen Geldes sind nicht von jetzt auf gleich möglich. Was manchmal von Vorteil sein kann (siehe oben), ist ein großer Nachteil, wenn es finanziell eng wird. Den richtigen Käufer mit ausreichender Bonität zu finden stellt sich manchmal als große Hürde heraus. Ist erst ein Käufer gefunden, dann dauert es in der Regel auch noch einmal einige Wochen, bis der Verkauf abgewickelt ist. Überlegen Sie sich daher, wie viel Eigenkapital Sie in eine Wohnung oder ein Haus stecken wollen, da es schwierig wird, dieses wieder frei zu bekommen.

Fazit

Immobilieninvestments haben viele Vorteile, und weltweit sind schon viele Menschen durch intelligente Immobilieninvestments sehr reich geworden. Bedenken Sie jedoch immer auch die Risiken, die Sie eingehen, und überlegen Sie sich, ob diese für Sie akzeptabel sind.

Falls Sie noch am Anfang Ihres Investmentlebens stehen und noch nicht über hohes Eigenkapital verfügen, gibt es auch andere Möglichkeiten, sich an der Preisentwicklung dieses Sektors zu beteiligen. So können Sie entweder in aktiv gemanagte, offene Immobilienfonds oder in passive Immobilien-ETFs investieren. Weiterhin stehen Ihnen auch Immobilienaktien und Real Estate Investment Trusts (REIT) zur Verfügung, die Ihnen viel Arbeit abnehmen.

Falls Sie sich dennoch für die direkte Anlage entscheiden, so können wir Ihnen folgende Experten für weitergehende Informationen empfehlen:

- Alex Fischer – https://alex-fischer-duesseldorf.de/
- Gerald Hörhan – http://www.investmentpunk.com/

Edelmetalle

Gold und Silber, diese beiden Edelmetalle versetzen Menschen schon seit Jahrtausenden in Erstaunen und rufen Bewunderung hervor. Während Gold in der Geschichte für die Menschen ein gängiges Tauschmittel und für die Könige Ausdruck ihres Reichtums war, ist es heute für die Zentralbanken und Staaten dieser Welt die letzte Reserve. Für die Anleger der Gegenwart dient Gold häufig zur reinen Absicherung gegen Krisen. Doch welche Vorteile und auch Nachteile haben Edelmetalle, und warum sollten sie in keiner Vermögensaufteilung fehlen? Darum soll es in diesem kurzen Abschnitt gehen.

Gold ist seit über 5000 Jahren ein Wertaufbewahrungsmittel und durch seine hohe Wertdichte auch sehr mobil. Weltweit können Sie es eintauschen und als alternatives Zahlungsmittel verwenden. Was hat Gold nun so Wertvolles an sich, und warum kostet es aktuell 1300 US-Dollar pro Feinunze (31,103 Gramm)? Das liegt an der Seltenheit des Edelmetalls und dem enormen Aufwand, der nötig ist, um es zu schürfen.

Wenn Sie alle Goldbestände, die auf der Erde bereits geschürft wurden, zusammentragen und daraus einen Goldwürfel mit gleich langen Seitenkanten schmelzen würden: Was schätzen Sie, wie groß wäre er? Die offiziellen Schätzungen liegen bei einer Kantenlänge von 20 Metern. Dies entspricht einem Gewicht von etwa 170.000 Tonnen. Eine sehr kleine Zahl, wenn man bedenkt, dass Gold bereits seit vielen Jahrtausenden gefördert wird. Es wird immer schwieriger, Gold rentabel zu schürfen. Wir empfehlen Ihnen: Sichern Sie sich Ihren Anteil an diesem Würfel, auch wenn er noch so klein ist.

Entgegen der notorischen Abneigung der Deutschen gegen die Aktienanlage sind die Bundesbürger bei der Anlage in Gold weltweit führend. So kauften sie im Jahr 2016 insgesamt 200 Tonnen Gold, wobei 110 Tonnen sogar in physischer Form direkt bei ihnen im Tresor landeten. Die restlichen 90 Tonnen wurden innerhalb von Fonds oder ETCs als Beimischung im Depot geordert.

Gold ist einfach nicht beliebig vermehrbar, und es kostet aktuell zwischen 550 und 1000 US-Dollar, eine Unze Gold zu fördern.

Gold ist eine Versicherung für schlechte Zeiten. Ein sogenanntes Krisenasset und kein produktives Asset wie eine Aktie. Es bringt weder Dividenden noch Zinsen hervor. Daher ist der Veräußerungsgewinn, der durch Preissteigerungen erzielt wird, auch in 194 Ländern dieser Welt steuerfrei. Das Einzige, was Sie sicher von Gold und auch von Silber erwarten können, ist ein Inflationsausgleich.

So konnten die Menschen sich stets von einer Feinunze Gold einen guten Herren-Maßanzug kaufen, und sie erhielten bereits für 23 Unzen Gold das Ford Model T. Auch heute erhalten Sie für 23 Unzen Gold einen Mittelklassewagen.

Gold und Silber gehören als Inflationsschutz und Sicherheitsreserve zu 5 bis 10 Prozent in jede Vermögensaufteilung. Falls Sie es doch nicht brauchen, vererben Sie es an Ihre Kinder und Enkelkinder.

Eine interessante Rechnung möchten wir Ihnen zum Abschluss noch präsentieren: Angenommen, nur 1 Prozent des weltweit vorhandenen Bargelds würde in Gold investiert werden – dann läge der Goldpreis pro Unze bei etwa 7000 US-Dollar.

Kryptowährungen

Egal ob Bitcoin, Ethereum, Ripple, Dash oder Litecoin – Kryptowährungen sind seit 2017 ein Thema, das am Stammtisch ebenso erörtert wird wie in der Mittagspause oder bei Partygesprächen. Auch auf die Titelseiten der Print- und Online-Medien schaffen es die Kryptowährungen regelmäßig. Kein Finanzthema hat die Deutschen seit der Dotcom-Blase in den Jahren 2000/2001 so elektrisiert wie Kryptowährungen. Die kurzfristigen Kurssteigerungen haben im Jahr 2017 bei exorbitanten Preisschwankungen einigen Deutschen sehr schnell einen hohen Gewinn auf den Bildschirmen und Displays ihrer PCs und Smartphones angezeigt. Stolz wie nach einem Lottogewinn oder einer Glückssträhne beim Black Jack wurden alle Freunde und Bekannten über den schnellen Zuwachs des virtuellen Geldes informiert. Ohne lange zu überlegen begannen dann auch die Freunde, ihr Erspartes lukrativ und vor allem schnell über Nacht zu vermehren. Leider haben die meisten Menschen, die eingestiegen sind, oft nicht einmal einen blassen Schimmer von Begriffen wie Mining, Blockchain oder gar Verschlüsselung (Kryptographie). Dabei sagt der weltweit erfolgreichste Investor Warren Buffett schon seit vielen Jahrzehnten: »Investieren Sie nur in das, was Sie verstehen.«

Nun aber zu den Fakten: Das Internet hat innerhalb kürzester Zeit unsere gesamte Kommunikation revolutioniert. Es wird dies bald auch mit unserem Zahlungsverhalten tun. Das digitale Geld, auch als Kryptowährung bezeichnet, wird in den nächsten Jahren viele Dinge im Bereich der Finanzen ändern und sogar überflüssig machen.

Eine Kryptowährung ist grundsätzlich zunächst verschlüsseltes digitales Geld und wird von verschiedenen Spezialisten (Schürfern beziehungsweise *Miners*) in unterschiedlichen Ländern durch Computernetzwerke erzeugt, durch spezielle Codes abgesichert und in einer öffentlichen Datenbank, einer Blockchain, verzeichnet.

Aktuell stehen weltweit mehr als 1300 digitale Währungen zur Verfügung. Die wichtigsten Währungen mit dem größten Volumen sind im Folgenden kurz dargestellt. Der weitverbreitete Bitcoin ist dabei im Jahr 2018 die bekannteste digitale Währung mit dem größten Handelsvolumen.

- **Bitcoin (BTC)**

  Der Bitcoin existiert bereits seit 2009 und ist damit die älteste auf der Blockchain-Technologie basierende Digitalwährung. Die Ur-Kryptowährung hat die schnelle und günstige Abwicklung von Transaktionen zum Ziel, wird diesen Anforderungen aber angesichts von Millionen von Nutzern immer weniger gerecht. Zudem ist das Bitcoin-Protokoll limitiert, zusätzliche Informationen können nicht vermittelt werden.

- **Ethereum (ETH)**

  Ganz anders Ethereum: Die Kryptowährung Nummer zwei ist weit mehr als nur ein Bezahlmittel. Ethereum versteht sich in erster Linie als Plattform für sogenannte *smart contracts*. Dabei handelt es sich um internetbasierte Verträge, die in Programmiersprache hinterlegt werden. Nach Abschluss muss sich keiner der beiden Vertragspartner mehr um die Abwicklung kümmern.

- **Bitcoin Cash (BCH)**

  Die Bitcoin-Schwesterwährung Bitcoin Cash resultierte aus einem Split vom 1. August 2017. Sie unterstützt acht Mal größere

Blöcke als der Bitcoin – und ist damit deutlich leistungsfähiger. Nach Verzögerungen beim Bitcoin-Update »SegWit2x« könnte Bitcoin Cash den Bitcoin nun technisch auskontern. Der Kampf um das Label »Der echte Bitcoin« ist noch nicht entschieden.

- **Ripple (XRP)**
  Das Ripple-Network ist nach einer Idee von Ryan Fugger im Jahr 2012 entstanden und wird von den in San Francisco ansässigen Ripple Labs weiterentwickelt. Die dazugehörige Digitalwährung Ripple gibt es ebenfalls seit 2012. In erster Linie ist Ripple aber ein Zahlungsnetzwerk, gewissermaßen der »Bitcoin der Banken«. Über das Ripple-Netzwerk können sämtliche Krypto-, aber auch Papiergeldwährungen getauscht werden.

- **Litecoin (LTC)**
  2011 geschaffen, ist der Litecoin nach dem Bitcoin eine der ältesten Kryptowährungen überhaupt. Technisch verwendet der Litecoin ein ähnliches System wie der Bitcoin. Die Litecoins müssen erst »geschürft« werden (*Mining*). Allerdings geht das Schürfen von Litecoins wesentlich rascher vonstatten, was sich bei der Transaktionsdauer positiv bemerkbar macht.

- **Dash**
  Dash (*Digital Cash*) gibt es erst seit Januar 2014. Diese Kryptowährung ist weniger transparent als der Bitcoin: Transaktionsinformationen sind nicht öffentlich. Zudem sind Transaktionen mit Dash überaus schnell und sicher. Dash wird daher von vielen als der bessere Bitcoin gelobt.[41]

Mit jedem zusätzlich geschürften Coin einer Kryptowährung wird es immer schwieriger, weitere Coins zu erzeugen, sodass die maximale

Obergrenze oder auch Geldmenge theoretisch begrenzt ist. Viele Befürworter der Kryptowährungen sehen hier den großen Vorteil, dass diese Währungen im Vergleich zu konventionellem Zentralbankgeld weniger anfällig für Inflation seien.

Doch bei dieser Überlegung wird wahrscheinlich vergessen, dass zwar die maximale Geldmenge innerhalb einer Kryptowährung limitiert ist, allerdings ganz und gar nicht die Gesamtgeldmenge bei den Kryptowährungen nach dem Muster des Bitcoins, da quasi täglich neue hinzukommen.

Ein weiterer Kritikpunkt interessiert die umweltbewussten Investoren unter uns vielleicht besonders. Eine aktuelle Studie der Investmentbank Morgan Stanley kommt zu der Feststellung, dass die weltweit eingesetzten Computer zur Herstellung von Kryptowährungen im Jahr 2018 bereits ähnlich viel Strom verbrauchen könnten wie der gesamte Staat Argentinien. Die benötigte Rechenleistung verbrauchte circa 140 Terrawattstunden Strom, und dies entspricht bereits heute 0,6 Prozent des weltweiten Stromverbrauchs.[42]

Vielleicht kann das auch Ihre Chance sein, an einem durch diese erhöhten Energiebedarfe zusätzlichen Wachstumsschub für Aktienunternehmen im Bereich der erneuerbaren Energien teilzuhaben.

Kryptowährungen haben definitiv ihre Daseinsberechtigung, da sie viele Vorteile gegenüber den klassischen Devisen mit sich bringen, wie etwa die Anonymität, die weltweite Transfergeschwindigkeit oder die theoretische Mengenbegrenzung. Der bekannte Börsenprofi Dirk Müller (»Mr. Dax«) sagt ebenfalls, dass die nächste Weltleitwährung eine Kryptowährung sein wird. Er vermutet aber weiter, dass es nicht der Bitcoin sein wird.

Sie sollten das Thema nüchtern mit dem nötigen Abstand betrachten und, wenn überhaupt, mit Bedacht investieren. Wenn Sie Lust auf Spekulationen und dafür auch neben Ihren Basisinvestments in klassische Sachwerte noch einige Euro übrig haben, dann können wir es Ihnen empfehlen. Von einer Kryptowährung als Hauptanlage mit der euphorischen Erwartung, innerhalb kürzester Zeit reich zu werden, raten wir Ihnen definitiv ab. Denken Sie immer daran, dass im Zweifel nur Sachwerte ihren inneren Wert behalten, aber keine Geldwerte, wozu auch die Kryptowährungen gehören. Abschließen möchten wir dieses Thema mit folgendem Zitat einer der bekanntesten Börsenlegenden des letzten Jahrhunderts, André Kostolany:

> *»Ich kann Ihnen nicht sagen, wie man schnell reich wird. Ich kann Ihnen nur sagen wie man schnell arm wird: indem man versucht, schnell reich zu werden.«*

Zertifikate

Zertifikate sind von Banken herausgegebene Anleihen mit bestimmten Bedingungen für die Rückzahlung und Wertentwicklung. Die Bedingungen beziehen sich meist auf ein börsennotiertes Wertpapier (Basiswert), zum Beispiel eine Aktie, einen Rohstoff oder einen Index. Zertifikate sind damit Schuldverschreibungen, die über derivative, also abgeleitete Eigenschaften verfügen. Das bedeutet, dass ein Zertifikat immer an die Wertentwicklung eines Basiswerts (Underlying), zum Beispiel einer Aktie, eines Rohstoffs oder eines Index, gebunden ist. Schuldverschreibungen sind Geldwerte, und im Gegensatz zu Investmentfonds und ETFs sind Zertifikate kein Sondervermögen und fallen damit in die Insolvenzmasse, sollte das herausgebende Finanzinstitut pleitegehen. Was bedeutet: Wird der Herausgeber zahlungsunfähig und meldet er Insolvenz an, können Anleger schlimmstenfalls komplett leer ausgehen.

Jedes Jahr steigt dennoch die Anzahl und Formenvielfalt der Zertifikate, die für Privatanleger angeboten werden. Dieser Dschungel an Produkten ist kaum zu überblicken. Auch die Bezeichnungen der einzelnen Zertifikate, ihre Arten und Typen, helfen nur bedingt bei der

Einordnung. Bislang haben sich die Emittenten noch nicht auf eine einheitliche Namensgebung für die jeweiligen Zertifikatearten einigen können.

Aufgrund der vielfältigen Ausgestaltung der Bedingungen ermöglichen Zertifikate eine Positionierung für jede Marktmeinung.

Garantie	Bonus	Discount	Hebel	Sprint	Index
Airbag Zertifikate			Express Zertifikate		
Aktienanleihe Multi			Index Reverse Zertifikate		
Aktienanleihen			Index Zertifikate		
Aktienanleihen Protect			Kapitalschutz Zertifikate		
Aktienanleihen Protect Pro			Outperformance Reverse Zertifikate		
Alpha Zertifikate			Outperformance Zertifikate		
Basket Zertifikate			Outperformance Cap Zertifikate		
Bonus Cap Zertifikate			Outperformance Reverse Protect Zertifikate		
Bonus Korridor Zertifikate			Phönix Zertifikate		
Bonus Multi Zertifikate			Rainbow Zertifikate		
Bonus Reverse Cap Zertifikate			Rolling Discount Zertifikate		
Bonus Reverse Zertifikate			Safe Zertifikate		
Bonus Zertifikate			Schmetterlingszertifikate		
Butterfly Zertifikate			Sprint Zertifikate		
Discount Protect Zertifikate			Tracker Zertifikate		
Discount Zertifikate			Twin Win Zertifikate		
Express Alpha Zertifikate			Vectis Zertifikate		
Express Easy Zertifikate			Win Win Zertifikate		
Express Reverse Zertifikate			Zinszertifikate		

Abbildung 27: Formen und Bezeichnungen von Zertifikaten, Quelle: eigene Darstellung

Als Anleger können Sie durch den Kauf von Zertifikaten also an steigenden, seitwärts tendierenden oder sogar fallenden Kursen des Basiswerts partizipieren, da das Zertifikat an sich bei der von Ihnen prognostizierten Entwicklung im Wert steigt. Passt die Kursentwicklung dagegen nicht zu Ihrer Prognose, dann kommt es zu Verlusten.

Bei der Ausgestaltung der Zertifikatstypen sind Ihrer Fantasie keine Grenzen gesetzt. Generell gibt es keine Marktphase, an der Sie nicht durch ein entsprechendes Zertifikat Gewinne machen können. Da Zertifikate jedoch keine Sachwerte sind und damit nicht unserer Investmentphilosophie entsprechen, gehen wir an dieser Stelle nicht weiter auf die unterschiedlichen Varianten ein. Wenn Sie sich dennoch dafür interessieren, erhalten Sie in Abbildung 27 einen ersten Überblick über gängige Bezeichnungen und Kategorien.

Wie Sie investieren können

Sie haben nun das Universum der gängigen Anlageklassen kennengelernt und fragen sich, wie Sie richtig investieren? Dazu möchten wir Ihnen zunächst den Hinweis geben, dass Sie sich an der Wertentwicklung der verschiedenen Assets durch unterschiedliche Produkte direkt oder indirekt beteiligen können.

Aktien können Sie demnach entweder direkt kaufen oder indirekt über einen Aktienfonds, in dem die entsprechenden Aktien enthalten sind. Weiterhin können Sie sich an der Wertentwicklung eines Unternehmens auch über verschiedene Zertifikate beteiligen.

Immobilien kennen wir Deutschen ja, wie bereits beschrieben, meist nur als direkte, physische Investition in Form des Eigenheims oder einer Vermietungsimmobilie. Dabei gibt es zahlreiche weitere Möglichkeiten, sich am Segment Immobilien national, aber auch international zu beteiligen.

Auch hier können Sie über Fonds auf indirektem Wege in Immobilienportfolios investieren. In diesen Fonds sind dann entweder Immobilienaktien oder tatsächlich einzelne größere Immobilien wie Bürokomplexe oder Einzelhandelsfilialen enthalten.

Darüber hinaus haben Sie jedoch auch die Möglichkeit, Immobilienaktien direkt zu kaufen. Dabei beteiligen Sie sich an Unternehmen, deren Tätigkeit darin besteht, Wohnungen aufzukaufen, zu sanieren und dann entweder mit Gewinn weiterzuverkaufen oder erfolgreich zu vermieten. Die Einnahmen werden dann als Gewinnbeteiligung an Sie, den Anteilseigner, ausgeschüttet.

Edelmetalle wie Silber oder Gold können Sie ebenfalls bei verschiedenen Händlern direkt kaufen und physisch besitzen. Es gibt allerdings auch die Möglichkeit, an der Wertentwicklung durch Zertifikate oder andere Finanzprodukte teilzuhaben. Letztlich können Sie aber auch Anteile an Unternehmen kaufen, die Goldminen betreiben, und damit indirekt an der Preisentwicklung teilhaben.

Andere Rohstoffe wie Kupfer, Aluminium oder Lithium sind ebenfalls durch unterschiedliche Investmentprodukte investierbar. Dazu zählen neben den bekannten ETCs und Zertifikaten noch Rohstoffaktien, Futures und CFDs (Contracts for Difference). Auf diese Anlageformen gehen wir aber nicht weiter ein, da diese Produkte in der Regel zu Spekulationszwecken eingesetzt werden und damit nicht zur Investmentphilosophie des Buches passen. Einen Überblick über die verschiedenen Anlageklassen finden Sie in Abbildung 28.

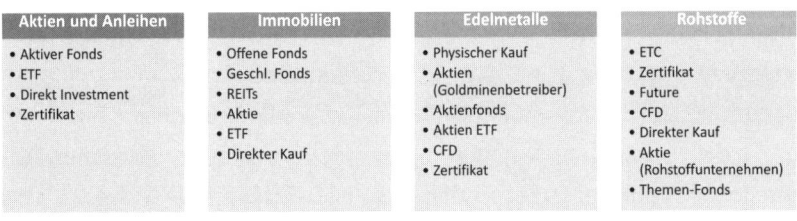

Aktien und Anleihen	Immobilien	Edelmetalle	Rohstoffe
• Aktiver Fonds	• Offene Fonds	• Physischer Kauf	• ETC
• ETF	• Geschl. Fonds	• Aktien	• Zertifikat
• Direkt Investment	• REITs	(Goldminenbetreiber)	• Future
• Zertifikat	• Aktie	• Aktienfonds	• CFD
	• ETF	• Aktien ETF	• Direkter Kauf
	• Direkter Kauf	• CFD	• Aktie
		• Zertifikat	(Rohstoffunternehmen)
			• Themen-Fonds

Abbildung 28: Die verschiedenen Anlageklassen im Überblick, Quelle eigene Darstellung

Das Wertpapierdepot

Für alle Wertpapiergeschäfte benötigen Sie ein Wertpapierdepot. Dieses können Sie bei einer Vielzahl von Banken eröffnen. Die einzelnen Geldinstitute bieten hierzu umfangreiches Informationsmaterial.

Generell sollten Sie darauf achten, dass die Kosten für die Bestandsführung und die Kosten der einzelnen Kauf- und Verkaufsorders (Trades) nicht den marktüblichen Durchschnitt übersteigen. Bei Online-Banken zahlen Sie in der Regel keine Depotgebühr, und auch die Ordergebühren mit 10 Euro oder weniger pro Transaktion ausgesprochen günstig. Lediglich in Nuancen unterscheiden sich die einzelnen Anbieter.

Dazu zählen beispielsweise die Kosten für Sparpläne, die angebotenen sparplanfähigen Fonds, ETFs oder auch Einzelaktien, und die Fonds, die mit Rabattaktionen beworben und vertrieben werden. Im Internet finden Sie zahlreiche Depotvergleichsrechner, die Ihnen für Ihre Bedürfnisse den passenden Anbieter empfehlen.

Schauen Sie dazu auch gerne auf dem Investment-Blog *Investment-ingenieur.de* vorbei.

Staatlich geförderter Vermögensaufbau

Ganz nach dem Motto »Lege niemals alle Eier in einen Korb« stellt die staatliche Förderung eine Möglichkeit dar, das eigene Vermögen breiter aufzustellen und sich dabei keine Geschenke des Staates entgehen zu lassen.

Die vier Schichten der Altersvorsorge sind keine eigenen Produkte, sondern Möglichkeiten, die eigene Altersvorsorge mit staatlicher Unterstützung auf die Beine zu stellen. Basis-Rente (umgangssprachlich auch Rürup-Rente genannt), Riester-Rente, betriebliche Altersvorsorge (bAV) oder eine flexible Privatvorsorge sind lediglich staatliche Rahmen mit speziellen Ausgestaltungen und Bedingungen. Grundsätzlich stellen diese vier Wege den Mantel eines staatlich geförderten Altersvorsorgeprodukts dar, also den Rahmen. Die Anlage, in die Sie Ihr Geld tatsächlich monatlich investieren, ist der Kern und sollte gut gewählt sein. Schauen Sie sich dazu Abbildung 29 an.

Rahmen-Kern-Modell

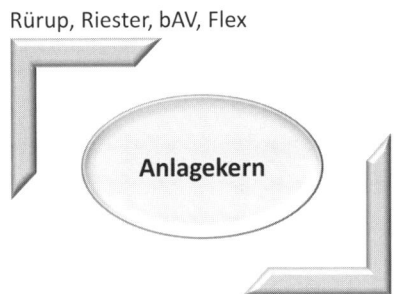

Abbildung 29: Rahmen-Kern-Modell der staatlich geförderten Altersvorsorge, Quelle: eigene Darstellung

Wir vergleichen dieses Modell ganz gerne mit der Karosserie eines Autos. Die Karosserie nennt sich Riester, Rürup, bAV oder Flex.

Worauf kommt es bei einem Auto an, wenn man schnell an sein Ziel gelangen möchte? Richtig, auf den Motor. Dieser könnte in unserem Fall ein Bausparvertrag, eine kapitalbildende Lebensversicherung oder eben ein breit gestreutes Investmentportfolio sein.

Während ein Bausparvertrag aktuell etwa mit 0,1 bis 1 Prozent verzinst wird, eine klassische Lebensversicherung mit 2 bis 3 Prozent, bringt ein ordentliches Portfolio langfristig 6 bis 8 Prozent Zinsen. Das Chassis ist nicht ausschlaggebend für die Leistung, sondern eben der Motor.

Eine ordentliche Karosserie kann aber eben auch sehr wichtig für die Leistung sein, die unser angespartes Vermögen zeigt. Wie unterscheiden sich also jetzt die unterschiedlichen Schichten?

Basis- bzw. Rürup-Rente

Die Basis-Rente ist wie die gesetzliche Rente der ersten Altersvorsorge-schicht zuzurechnen und wird steuerlich genauso behandelt. Im Jahr 2018 können Sie 86 Prozent Ihrer Einzahlungen steuerlich absetzen. Dieser Betrag steigt jedes Jahr um weitere zwei Prozentpunkte, bis im Jahr 2025 die vollen 100 Prozent erreicht sind.

Ein kurzes Rechenbeispiel hierzu: Sie stecken 2018 insgesamt 2400 Euro in einen Rürup-Rentenvertrag. Sie können also 2064 Euro absetzen (86 Prozent von 2400 Euro). Jetzt kommt es auf Ihren per-sönlichen Steuersatz an. Bei einem Spitzensteuersatz von 45 Prozent bekämen Sie 928,80 Euro vom Finanzamt zurück.

Die daraus resultierende Rente wird später anteilig versteuert, der Anteil hängt davon ab, wann Sie in Rente gehen. Es liegen hier die glei-chen Regeln zugrunde wie bei der gesetzlichen Rente. Ab 2005 müssen die Renten zu 50 Prozent versteuert werden, wobei dieser Wert jedes Jahr um zwei Prozentpunkte ansteigt, bis im Jahr 2020 ein Wert von 80 Prozent erreicht ist. Von da an steigt der Satz jährlich nur noch um einen Prozentpunkt. Wenn Sie also Ihre Rente nach 2040 zu erwarten haben, müssen Sie 100 Prozent davon versteuern.

Zu empfehlen ist diese Form der staatlichen Förderung vor allem für Selbstständige und gut verdienende Angestellte (mit 40.000 Euro Jahres-brutto oder mehr). Selbstständige haben weder die Möglichkeit einer be-trieblichen Altersvorsorge, noch können Sie die Riester-Förderung nutzen.

Die steuerliche Förderung durch den Staat hat allerdings auch Nach-teile. Einer der größten Nachteile ist die mangelnde Kapitalisierbarkeit. Eine Einmalauszahlung des Vermögens ist nicht möglich! Sie haben ausschließlich Anspruch auf eine lebenslange Rentenzahlung, wie eben bei der gesetzlichen Rente auch.

Aus diesem Grund sollte Ihre Altersvorsorge zusätzlich aus anderen Bausteinen zusammengesetzt werden. Eine Ergänzung Ihrer Geldanla-gen durch die Basis-Rente kann jedoch Sinn ergeben.

Riester-Rente

Die Beiträge für die Riester-Rente werden entweder durch staatliche Zulagen erhöht (175 Euro Grundzulage, bis zu 300 Euro Kinderzulage für jedes Kind, für das noch ein Kindergeldanspruch besteht). Alternativ kann ein Steuervorteil in Anspruch genommen werden, wobei das Finanzamt prüft, was günstiger ist: Zulagen oder steuerliche Absetzbarkeit der eingezahlten Beiträge. Wenn die Rente aus einem Riester-Vertrag schließlich ausgezahlt wird, schlägt der Fiskus jedoch gnadenlos zu, und die Rente muss zu 100 Prozent versteuert werden.

Riester-Produkte haben einen ziemlich schlechten Ruf. Dies liegt zum einen an dem hohen Verwaltungsaufwand und den damit einhergehenden hohen Kosten. Ein weiterer Grund ist die Vielzahl der zur Auswahl stehenden Produkte. Riester ist nicht gleich Riester. In Deutschland stehen den Sparern weit über 1000 verschiedene Riester-Produkte zur Auswahl. Ein entscheidendes Kriterium ist hier der Anlagekern. Während häufig klassische Geldwertanlagen wie Bausparvertrag, Rentenversicherung oder Banksparpläne den Kern bilden, ist es eher selten, dass Investmentfonds als Motor ausgewählt werden. Die drei erstgenannten Gruppen können Sie aber schlicht vergessen.

Ein Vorteil des Riester-Sparens ist die steuerliche Behandlung während der Sparphase. Das Finanzamt führt automatisch jedes Jahr eine Günstigerprüfung durch. Entweder Sie erhalten einen Steuervorteil, indem Sie die eingezahlten Beträge absetzen, oder eine Zulage. Die Zulage beträgt seit dem Jahr 2018 jährlich 175 Euro plus 300 Euro für jedes Kind, das nach 2008 geboren wurde (vor 2008: 185 Euro pro Jahr). Die Zulagen sind besonders interessant, wenn Sie eine Zeit lang keine Einkünfte erzielen sollten oder viele Kinder und einen geringen Verdienst haben.

Damit Sie diese Förderung in voller Höhe erhalten, müssen Sie – inklusive Zulagen – 4 Prozent Ihres jährlichen Bruttoeinkommens in ein förderfähiges Riester-Produkt einzahlen (maximal 2100 Euro pro Jahr).

Riestern können nur sozialversicherungspflichtig angestellte Personen und deren Ehepartner, wie auch Beamte und ein paar spezielle Personengruppen wie zum Beispiel junge Menschen, die den Bundesfreiwilligendienst absolvieren.

Betriebliche Altersvorsorge

Grundsätzlich ist jeder Arbeitgeber verpflichtet, seinen Mitarbeitern eine betriebliche Altersvorsorge (bAV) anzubieten. Welcher Anbieter und welcher Tarif möglich sind, kann allerdings der Arbeitgeber entscheiden. Wenn er Ihnen die freie Wahl lässt, umso besser. Dann entscheiden Sie, welche Gesellschaft (und welcher Motor) für Sie am besten geeignet ist.

Bei der bAV sind die Beiträge komplett steuerfrei, sofern sie jährlich 8 Prozent der Beitragsbemessungsgrenze nicht überschreiten. Sozialversicherungsfrei bleiben allerdings nur Einzahlungen, die unter 4 Prozent der Beitragsbemessungsgrenze bleiben. Die Beitragsbemessungsgrenze ist das Einkommen, bis zu dem maximal Beiträge an die gesetzliche Rentenversicherung abgeführt werden. Sie wird jährlich neu festgelegt, 2018 liegt sie bei monatlich 6500 Euro (West) und 5800 Euro (Ost). Sie zahlen also für Einzahlungen von monatlich maximal 520 Euro (West) bzw. 464 Euro (Ost) keine Steuern und für Einzahlungen von maximal 260 Euro (West) bzw. 232 Euro (Ost) keine Sozialversicherungsbeiträge.

Das führt in der Praxis zu einem äußerst günstigen Brutto-Netto-Effekt. Bei nur geringer Einbuße im Hinblick auf das Nettoeinkommen bauen Sie sich eine zusätzliche Altersvorsorge auf.

Großer Vorteil der bAV im Vergleich zur Basis- und zur Riester-Rente ist, dass Sie später die Möglichkeit haben, eine einmalige Kapitalauszahlung (und Teilauszahlungen) zu wählen. Sie müssen also keine Rente daraus generieren lassen, wenn Sie das nicht wünschen.

Problematisch wird es lediglich, falls Sie den Arbeitgeber wechseln. Sie haben zwar ein Recht auf Übertragung (Portabilitätsprinzip), aber wenn der neue Arbeitgeber Ihren Vertrag nicht übernimmt und lediglich seine eigene Versorgung anbietet, haben Sie nur zwei Möglichkeiten.

Entweder Sie übertragen das vorhandene Guthaben auf den neuen Vertrag (dadurch entstehen ggf. wieder recht hohe Stornokosten beim alten und Abschlusskosten beim neuen Versicherer).

Oder Sie führen den Vertrag aus Eigenbeiträgen weiter und verlieren den Brutto-Netto-Effekt. Der Vertrag wird dann sozusagen gesplittet und ab diesem Zeitpunkt steuerlich wie ein Flex-Vertrag behandelt, also ein Vertrag der flexiblen Privatvorsorge (siehe unten).

Sollten Sie also vorhaben, sich in den nächsten Jahren selbstständig zu machen oder den Arbeitgeber zu wechseln, raten wir von dieser Fördermöglichkeit eher ab.

Da es sich bei diesem Altersvorsorgevehikel in aller Regel um eine Versicherung mit ansonsten schlechter Verzinsung handelt, spricht nicht gerade viel für diese Form der Altersvorsorge. Außerdem erhebt die Krankenkasse Beiträge auf die späteren Auszahlungen – als Empfänger zahlen Sie dann sowohl den Arbeitgeber- als auch den Arbeitnehmeranteil von Ihrer späteren Rente oder Einmalzahlung. Das ist ein gravierender Nachteil, der oft verschwiegen wird.

Flexible Privatvorsorge

Sie zahlen die Beiträge in der Ansparphase aus Ihrem Nettoeinkommen ohne Fördereffekt durch Zulagen oder Ersparnis bei Steuern und Sozialversicherungen. Sollte der Vertrag dann mindestens zwölf Jahre gelaufen und Sie über 62 Jahre alt sein, müssen Sie bei einer Kapitalauszahlung nicht mehr den ganzen Gewinn, sondern nur 50 Prozent davon versteuern. Sollten Sie sich den Kapitalbetrag verrenten lassen, zahlen Sie lediglich auf maximal 20 Prozent der Rente Steuern.

Sollte der Plan nicht aufgehen und Sie benötigen das Geld vor dem 62. Lebensjahr, können Sie dieses auch früher entnehmen. Dann werden allerdings 100 Prozent des Gewinns mit Ihrem persönlichen Steuersatz versteuert.

Zum Verständnis: Seit dem 01.01.2009 müssen Sie alle Kapitalerträge mit der sogenannten Abgeltungssteuer versteuern (25 Prozent plus Solidaritätszuschlag und ggf. Kirchensteuer = bis zu 28 Prozent).

Sollten Sie sich eine monatliche Rentenauszahlung gönnen, sind mit 62 Jahren 80 Prozent der Rente steuerfrei. Das ist auch nachvollziehbar, denn Sie haben ja auch die Einzahlungen aus Ihrem versteuerten Nettoeinkommen bestritten.

Zum besseren Verständnis dieser umfangreichen Materie haben wir im Anschluss noch einmal alle Vor- und Nachteile bzw. die Eigenheiten der einzelnen Schichten in einer Tabelle aufgeführt, siehe Abbildung 30.

Warum Sie investieren sollten

An dieser Stelle haben Sie bereits viel Wissen zum Thema Investment aufgebaut. Sie haben die Herausforderungen der Zeit für sich selbst und für die Gesellschaft in Deutschland erkannt und wissen, wie Sie diesen begegnen. Sie haben die Anlageformen kennengelernt, die Ihnen dabei helfen, Ihre persönliche finanzielle Freiheit schneller zu erreichen. Wir hoffen, Sie haben nun das notwendige Selbstvertrauen, Ihre Geldangelegenheiten eigenständig anzugehen, mutig nach vorn zu schauen und sich an der Wirtschaft, also dem Sach- und Produktivkapital, zu beteiligen.

Sollten Sie an dieser Stelle trotzdem noch unsicher sein und überlegen, ob die Oma und der alte Onkel nicht doch immer noch recht haben mit ihren konservativen Wegen bei der Geldanlage, dann lesen Sie dringend weiter! Wir möchten Ihnen auf den nächsten Seiten mit einprägsamen und leicht verständlichen Beispielen Erkenntnisse vermitteln, die

Förder-möglichkeit	Basis-Rente	bAV	Riester-Rente	Flex
Steuerliche Absetzbarkeit in der Sparphase	Höchstabsetzungsbeitrag 86 Prozent (2018) bis 2025 steigen auf 100 Prozent	Ja bei Einzahlungen bis 8 Prozent der Beitragsbemessungsgrenze (BBG)	Max. 2100 p.a.	keine
Zulagen	keine	Zuschüsse vom Arbeitgeber möglich	Erwachsene 175 € p.a. bei 4 Prozent Eigenbetrag vom Vorjahres-Bruttoeinkommen Für jedes Kind geb. bis 2007 Zulage von 185 € p.a., bei Geburt ab 2008 Zulage von 300 € p.a.	keine
Steuern in der Rentenphase	Nachgelagerte Besteuerung gemäß bei Renteneintritt gültigem Prozentsatz	Volle Besteuerung	Volle Besteuerung	Nur Ertragsanteil wird versteuert
Einmalauszahlung zu Rentenbeginn	keine	Ja ab 62. Lebensjahr	Max. 30 Prozent	Ja
Verfügbarkeit	Zu Rentenbeginn	Zu Rentenbeginn	Zu Rentenbeginn	Nach Vereinbarung
Sozialversicherungsfreiheit der Beiträge	Nein	Ja bei Einzahlungen bis 4 Prozent der BBG	Nein	Nein
Sozialversicherungspflicht der Rente	Nur bei freiwilliger gesetzlicher Krankenversicherung	Beitragspflicht in der gesetzl. Kranken- und Pflegeversicherung: doppelte Beiträge (Arbeitgeber- und Arbeitnehmeranteil)	Nur bei freiwilliger gesetzlicher Krankenversicherung	Nur bei freiwilliger gesetzlicher Krankenversicherung
Kapitalauszahlung	Nein	Ja, ab 62 Lebensjahren	Bis 30 Prozent der Gesamtsumme möglich	Ja
Hartz-VI-sicher	Ja	Ja	Ja	Anteilig 750 € pro Lebensjahr
Vererbbarkeit/Übertragbarkeit	Übertragbar an Ehepartner, bei Übertragung auf Kinder entfällt unter Umständen die Förderung und erhaltene Förderung muss zurückgezahlt werden	Ehepartner, Kinder	Nein, ungefördert über RLV ergänzbar	Ja

Abbildung 30: Überblick über staatlich geförderte Vorsorgeprodukte (Gesetz Stand 2018), Quelle: eigene Darstellung, Deutsche Rentenversicherung, Berufsbildungswerk der Deutschen Versicherungswirtschaft (BVW) e. V. (Hrsg.) (2018), Proximus 4 E-Book

Sie endgültig überzeugen werden. Lassen Sie sich darauf ein, denn es ist Ihre einzige Chance, Ihr Vermögen aufzubauen oder zu erhalten.

Kein Wirtschaftswachstum mehr?

Wie wir bereits wissen, ist der Glaube an die positive Entwicklung von Unternehmen und die entsprechenden Aktien in Deutschland sehr schwach ausgeprägt. Aktien bedeuten ein hohes Risiko und sind als Geldanlage sehr unsicher, so die verbreitete Meinung. Doch ist das wirklich so? Auf der einen Seite glauben die Menschen, dass Unternehmensaktien sehr unsicher seien. Gleichzeitig arbeiten sie jedoch in eben diesen Unternehmen und sind überzeugt, einen ausgesprochen sicheren Arbeitsplatz zu haben. Während sich die Deutschen auf einem scheinbar sicheren Arbeitsplatz bei VW, BMW, SAP, BASF oder Lufthansa wägen, vermeiden sie den Kauf der entsprechenden Aktien. Wenn überhaupt, werden ein paar kleine Bestände an Belegschaftsaktien aufgebaut, die teilweise sogar noch geschenkt sind. Das passt nicht zusammen. Falls dann, wie in der jüngeren Vergangenheit, Jahr für Jahr neue Rekordergebnisse erzielt werden, freuen sie sich ungemein über eine kleine Ergebnisbeteiligung und sehen nicht, dass die ausländischen Anteilseigner des Unternehmens die viel höheren Gewinne einstreichen und somit die wahren Profiteure dieser Entwicklung sind. Schauen wir uns einmal die Anteilsverhältnisse der deutschen Großkonzerne etwas genauer an. Eines vorweg: Wer glaubt, dass Adidas, Bayer und Allianz deutsche Unternehmen sind, der glaubt auch noch an den Osterhasen. Es sind multinationale Konzerne mit hauptsächlich ausländischen Besitzern, wobei sich der Hauptstandort des Unternehmens, historisch bedingt, zufällig in Deutschland befindet. Im Schnitt gehören 60 Prozent der Anteile an den 30 größten deutschen Aktiengesellschaften ausländischen Gesellschaften. An der Spitze stehen hier der Halbleiterkonzern Infineon aus München (90 Prozent), die

Deutsche Börse (83 Prozent), der Sportartikelhersteller Adidas (80 Prozent) und der Chemiekonzern Bayer aus Leverkusen (72 Prozent). In den Nebenwerte-Indizes sieht das nicht anders aus. Auch im MDAX, im SDAX und im TecDAX dominieren ausländische Investoren die Firmen. Dabei ist der MDAX mit den 50 größten deutschen mittelständischen Unternehmen aus der zweiten Reihe mit 81 Prozent an ausländischen Anlegern fast gar nicht mehr in deutscher Hand. Doch wer hält die Anteile, wenn wir Deutschen es nicht tun?[43]

Amerikanische Investoren liegen hier mit 31 Prozent an der Spitze vor Anteilseignern aus Großbritannien und Irland mit 22 Prozent. Größter Anteilseigner im MDAX und auch im SDAX ist der norwegische Staatsfonds, zu dem Sie gleich noch mehr Informationen erhalten. Die größten Zukäufe tätigte im Jahr 2016 mit gut 800 Millionen Euro der amerikanisch-britische Finanzinvestor MFS.[44]

Doch generell sind aus der Reihe der Investoren auch zum Beispiel folgende Gesellschaften zu nennen: Blackrock, The Capital Group of Companies, Kuwait Investment Authority, UBS und weitere internationale Großinvestoren. Diese Gesellschaften investieren das Geld internationaler Investoren und verschiedener Staaten in die entsprechenden deutschen Unternehmen. Während die internationalen Investmentexperten der Finanzinstitute sehr genau wissen, warum sie ihr Geld und das Geld ihrer Anleger in die vielen erfolgreichen, weltweit bekannten deutschen Unternehmen investieren, glaubt der kleine deutsche Sparer bei einem DAX-Stand von über 13.000 Punkten und immer neuen Rekordständen daran, dass es doch gar nicht mehr höher gehen kann, und meidet jede Beteiligung.

Häufig werden die globalen Entwicklungen in diese Überlegungen nicht einbezogen. Die Weltbevölkerung wächst seit vielen Jahren unaufhaltsam. Im Jahr 2030 werden Schätzungen zufolge circa 9 Milliarden Menschen auf diesem Planeten leben. Davon wird ein immer höherer Anteil nach einem gehobenen westlichen Lebensstandard streben. Diese Menschen möchten schließlich auch Internetzugang haben, mit ihren Freunden telefonieren, Urlaub machen, mobil sein und qualitativ hochwertige Mahlzeiten zu sich nehmen. Außerdem wird es nicht vermeidbar sein, dass diese steigende Anzahl von Menschen auch allerlei Medikamente benötigt. All diese Produkte und Dienstleistungen müssen Unternehmen herstellen und anbieten. Die Wahrscheinlichkeit, dass dies in 20 Jahren Firmen wie Google, AT&T, Expedia, Procter & Gamble oder Fresenius sind, ist relativ hoch. Diese Konzerne werden dann auch in 20 Jahren noch Umsätze machen, Gewinne ausweisen und Dividenden an die Aktionäre ausschütten.

Im ersten Schritt muss man allerdings gar nicht so global denken. Es wäre schon eine erste Erkenntnis, wenn man sich eine Vorausschau auf die nächsten 20 Jahre in Deutschland erlaubt. Mit Blick auf die demografische Entwicklung stellen wir fest, dass ein immer größerer Teil der deutschen Bevölkerung in den nächsten Jahren den Ruhestand genießen wird. Diese Rentenzeit wird die zahlungskräftige Gruppe der »Silver Ager« wahrscheinlich mit erfreulichen Dingen wie Urlaub und Genuss verbringen. Unternehmen und Anbieter, die seit Jahren genau diese Entwicklung bemerken, sind Kreuzfahrtanbieter. Unternehmen wie der größte europäische Ferienhotelier TUI (MS Europa, MS Hanseatic und MS Columbus), die amerikanisch-norwegische Kreuzfahrtgesellschaft Royal Caribbean Cruise (Quantum of the Seas, Anthem of the Seas, Ovation of the Seas) oder Carnival (Costa Cruises, AIDA Cruises) wachsen kontinuierlich. Auch Unternehmen wie Fielmann (Brillen), Sonova (Hörgeräte), CTS Eventim (Konzert- und Showtickets) und Zalando (Online-Shopping) werden gute Umsätze mit dieser zahlungskräftigen Bevölkerungsschicht machen. Die Frage ist nun, profitieren Sie ab jetzt auch davon, weil Sie Anteilseigner der genannten Unternehmen werden? Oder überlassen Sie die Profite lieber den ausländischen Investoren?

In den vergangenen Jahren haben wir oft die Erfahrung gemacht, dass die Menschen in Deutschland sehr markenaffin sind und ihre bevorzugten Marken auch treu kaufen. Seien es Kleidungsstücke, Genussmittel, Lebensmittel oder Körperpflegeprodukte: Der Deutsche kennt seine Lieblingsmarken, das Unternehmen dahinter allerdings meist nicht. Wenn wir in der Vergangenheit Bekannte darauf hingewiesen haben, war die Überraschung darüber oft groß, dass viele Marken den gleichen Produzenten haben. Damit Sie, lieber Leser, eine ungefähre Vorstellung davon bekommen, haben wir in der folgenden Tabelle (Abbildung 31) eine Reihe von Aktienunternehmen aufgelistet, deren Produkte Ihnen zumindest teilweise sicher bekannt vorkommen. Vielleicht entscheiden Sie sich mit diesem Wissen das nächste Mal dafür, statt eines Produkts des Unternehmens eine Aktie des Unternehmens zu kaufen, damit in der Zukunft die Dividendenerträge Ihren Konsum der entsprechenden Produkte vielleicht sogar finanzieren.

Aktienunternehmen	Marken
Imperial Tobacco	Gauloises, West
British American Tobacco	Lucky Strike, Pall Mall, Vogue
Pernod Ricard	Chivas Regal, Malibu, Mumm, ABSOLUT Vodka, Havana, Ramazzotti
Yum Brands	Kentucky Fried Chicken (KFC), Pizza Hut und Taco Bell
Anheuser Busch (AnBev)	Beck's, Hasseröder, Diebels, Franziskaner, Löwenbräu, Budweiser
Heineken	Paulaner, Mönchshof, Hacker Pschorr, Heineken, Kulmbacher
LVMH	Moet Hennessy, Louis Vuitton, Tag Heuer, Dior, Hermès, Dom Perignon
PVH	Calvin Klein, Tommy Hilfiger

Aktienunternehmen	Marken
VF Corporation	The North Face, Timberland, Wrangler, Lee, Napapijri
Brown-Forman	Jack Daniels, Johnnie Walker
Volkswagen	VW, Audi, Seat, Skoda, Lamborghini, Bugatti, Ducati
Procter & Gamble	Lenor, Ariel, Pampers, Wella, Gillette, Oral B, Wick, Braun
Unilever	Knorr, Axe, Rexona, DuschDas, Dove, Langnese, Bifi, Pfanni, Lätta, Becel, Rama, Mondamin
Henkel	Schauma, Fa, Taft, Perwoll, Persil, Somat, Pritt, Pattex
L'Oréal	Garnier, Vichy, Maybelline NY, Armani, Ralf Lauren, Diesel
Mondelez	Café HAG, Jacobs, Milka, Kaba, Kraft, Tassimo
Danone	Volvic, Milupa, Actimel, Evian
Reckitt Benckiser	Sagrotan, finish, Durex, Veet, Kukident, Calgon, Cillit Bang
Coca-Cola	Coca-Cola, Fanta, Apollinaris, Bonaqua, Nestea, Powerade
PepsiCo	Pepsi, Punica, 7Up
Nestlé	Maggi, Mövenpick, Alete, Vittel, Nespresso, Schöller, Felix, Thommy
Novartis	Voltaren, Fenistil, Ritalin
Johnson & Johnson	Bebe, Imodium, o.b., Penaten, Dolormin, Neutrogena, Listerine
Berkshire Hathaway	Louis, Fruit of the Loom, Russel, Brooks
Luxottica	Ray Ban, Oakley
Activison Blizzard	Diablo, Warcraft, Star Trek, Call of Duty, James Bond, StarCraft

Abbildung 31: Bekannte Marken und ihre weniger bekannten Produzenten, Quelle: eigene Darstellung

Zum Schluss gilt es, zum Thema Wirtschaftswachstum noch einen weiteren Aspekt zu erwähnen: Sollte der unwahrscheinliche Fall eintreten, dass die Aktienkurse der Einzelunternehmen im DAX sich in den nächsten 20 Jahren überhaupt nicht ändern, würde dennoch folgende Entwicklung eintreten.

Alleine durch die stetige Inflation der Preise erhöhen sich die nominalen Umsätze und Gewinne der Unternehmen ganz ohne Wirtschaftswachstum um mindestens 2 bis 3 Prozent pro Jahr. Das bedeutet, dass die Unternehmen mit hoher Wahrscheinlichkeit langfristig in der Lage sein werden, Gewinne in Form von Dividenden auszuschütten. Sollten sie dies, wie bereits seit Jahren, im Durchschnitt mit circa 3 Prozent Dividende pro Jahr tun, so stünde der DAX im Jahr 2038 bei 24.300 Punkten und somit 80 Prozent höher als heute! Ein Investment in ETFs und andere Fonds, die diese Aktien kaufen, kann also auch bei einer Seitwärtsbewegung in den nächsten Dekaden ein aussichtsreiches Investment mit hohen Wertsteigerungen sein. (An dieser Stelle ist anzumerken, dass der DAX ein Performance-Index ist und die Dividendenzahlungen mit in die Kursberechnung einfließen.) Dass ein Unternehmen regelmäßig über viele Jahre Dividende an seine Eigentümer ausschütten kann, zeigen folgende Beispiele: Die Bank of Nova Scotia zahlt seit 1832 jedes Jahr Dividende aus. Stanley Black & Decker zahlt seit 1877 jedes Jahr Dividende, Procter & Gamble in jedem Jahr seit 1891. Dies sind nur einige Beispiele von vielen.[45]

Der Welt-Fonds

Neben den klassischen Wertpapierfonds, die über eine private Investmentgesellschaft aufgelegt und von Ihnen als Anlageobjekt genutzt werden können, gibt es noch eine andere Dimension von Fonds. Diese hat sich in den letzten Jahrzehnten entwickelt und ist für Privatinvestoren nicht zugänglich. Es handelt sich um die Gruppe der Staatsfonds. Dazu zählen die staatlich aufgelegten Fonds von Norwegen, den Vereinigten Arabischen Emiraten (VAE), Saudi-Arabien, China, Kuwait und weiteren Staaten. Die Bedeutung der größten Staatsfonds der einzelnen Länder zeigt die folgende Abbildung 32 eindrucksvoll.

Größte Staatsfonds weltweit nach der Höhe des verwalteten Vermögens (in Milliarden US-Dollar; Stand 2017)

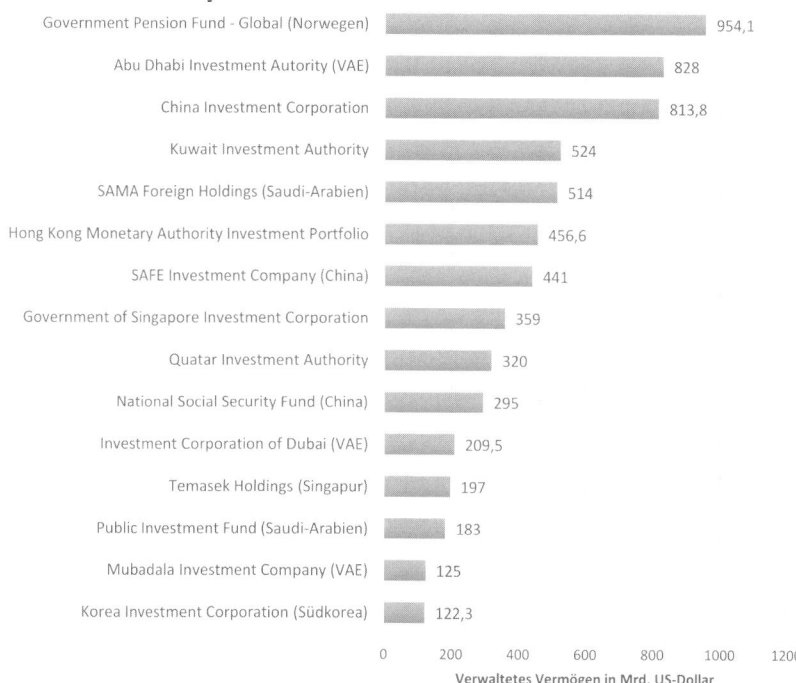

Government Pension Fund - Global (Norwegen)	954,1
Abu Dhabi Investment Autority (VAE)	828
China Investment Corporation	813,8
Kuwait Investment Authority	524
SAMA Foreign Holdings (Saudi-Arabien)	514
Hong Kong Monetary Authority Investment Portfolio	456,6
SAFE Investment Company (China)	441
Government of Singapore Investment Corporation	359
Quatar Investment Authority	320
National Social Security Fund (China)	295
Investment Corporation of Dubai (VAE)	209,5
Temasek Holdings (Singapur)	197
Public Investment Fund (Saudi-Arabien)	183
Mubadala Investment Company (VAE)	125
Korea Investment Corporation (Südkorea)	122,3

Verwaltetes Vermögen in Mrd. US-Dollar

Abbildung 32: Größte Staatsfonds nach Vermögen sortiert, Quelle: Statista[46]

Der bekannteste dieser Fonds ist der norwegische Staatsfonds. Im Jahr 1997 legten die Norweger mit den Erträgen aus ihrem Ölgeschäft den Fonds mit der Bezeichnung Government Pension Fund Norway (GPFN) auf und sparten mithilfe dieses Fonds fleißig ihre Staatseinnahmen an. Mit Sparen war und ist dabei aber nicht das Sparen nach deutschem Verständnis gemeint. Nein, die Norweger investierten ihr Geld in mittlerweile 8000 weltweit agierende Unternehmen. 8,2 Billionen Norwegische Kronen, das entspricht über 850 Milliarden Euro, haben sich bis dato darin angesammelt. Somit verwaltet der sogenannte Ölfonds heute mehr Mittel als jeder andere Fonds auf der Welt. Er hält 2,5 Prozent aller Aktien in Europa, und allein der Anteil am schweizerischen Nahrungsmittelkonzern Nestlé hat einen Wert von 16 Milliarden Euro. Seit der Gründung haben die Staatsfondsmanager eine jährliche Rendite von 6 Prozent erwirtschaftet. Diese ist in den letzten Jahren jedoch etwas gestiegen und erreichte im Jahr 2013 den Wert von 16 Prozent.

Wenn man nun hierzulande an Staatsfinanzen denkt, dann ist das Bild der Bundesschuldenuhr schnell im Kopf. Statistisch hat jeder Deutsche, wenn er als Säugling auf die Welt kommt, direkt eine staatliche Schuldenlast von etwa 25.000 Euro zu tragen. Im Vergleich hierzu darf sich ein norwegisches Baby über ein theoretisches Vermögen von 169.000 Euro freuen, welches bis zur Rente sehr wahrscheinlich noch ein »bisschen« größer sein wird.[47] Zwei Promille der Weltbevölkerung machen die Staatsbürger von Norwegen, VAE, Singapur und Katar aus, und trotzdem gehören ihnen indirekt über die Staatsfonds 3 Prozent der weltweiten Aktienunternehmen. Private Beteiligungen sind hier noch nicht einmal berücksichtigt. Welches Volumen die größten Staatsfonds verwalten und auf wie viele Einwohner dieses Volumen jeweils entfällt, das sehen Sie in Abbildung 33.

	Bevölkerung Mio.	Anlagevolumen der Staatsfonds pro Person Ende 2014 ca. in Euro
Norwegen	5,2	139.000
Singapur	5,6	74.000
V.A.E. (Einwohner)	9,4	68.000
V.A.E. (Staatsbürger)	1,2	523.000
Katar (Einwohner)	2,1	101.000
Katar (Staatsbürger)	0,28	760.000

Abbildung 33: Anlagevolumen eines Staatsfonds pro Person, Quelle: Nationale Statistikbehörden, UN

Während das eine oder andere europäische Land bereits mit einer niedrigen jährlichen Neuverschuldung zufrieden ist, freuen sich die Skandinavier über sprudelnde Erträge aus dem Kapital, welches sie nicht einfach ausgegeben, sondern fleißig in die weltweite Wirtschaft investiert haben. Immerhin 4 Prozent der jährlichen Erträge darf der Staat jedes Jahr ausgeben. Der Rest wird allerdings fleißig reinvestiert, damit die Norweger noch lange Zeit von dem Reichtum profitieren können, den das Ölgeschäft ihnen gebracht hat.

Wenn ein Land eine florierende Wirtschaft aufweist, dann hängt das sehr oft mit einem starken Exportgeschäft zusammen. Mit den Exportüberschüssen, die dadurch entstehen, akkumuliert ein Land Geld. Ein Staatsfonds ist lediglich eine Möglichkeit für den Staat, das gesammelte Kapital intelligent und langfristig zu vermehren, damit auch folgende Generationen davon profitieren. Deutschland ist jedoch der einzige Exportstaat, der die Notwendigkeit eines Staatsfonds nicht sieht. Jeder ist stolz auf den hohen Export auf der einen und die sparsame Haltung auf der anderen Seite. Dabei ist Sparen zwar, mathematisch ausgedrückt, eine notwendige, aber keine hinreichende Bedingung für den langfristigen Vermögensaufbau.

Wir verspielen hier ganz klar unseren Wohlstand, den wir durch die weltweit geschätzte deutsche Industrie aufgebaut haben, indem wir das Eigentum an diesen Unternehmen schlicht anderen überlassen.

Wir freuen uns über vergangene Gewinne, verschließen aber gleichzeitig die Augen davor, dass die zukünftigen Gewinner die Nationen sein werden, die kontinuierlich Sachwerte statt Geldwerte akkumulieren und all die exportstarken Konzerne besitzen, auf die wir so stolz sind. Wie schon in den Kapiteln vorher ganz klar beschrieben, haben die Deutschen hier mit ihrer sturen Abneigung gegen Aktienbeteiligungen in Zukunft das Nachsehen. Deutschen Privatanlegern und Institutionen gehören lediglich noch 16 Prozent der Anteile an den DAX-Unternehmen, wobei der Trend nach unten anhält.

Deswegen appellieren wir an Sie: Handeln Sie entgegen diesem Trend und akkumulieren Sie mit Ihrem Privatvermögen langfristig und gerne auch mit monatlichen Beträgen Sachwerte, wenn es Ihr Staat nicht für Sie tut.[48]

Ein Tag mit Aktien

Haben Sie sich schon einmal überlegt, mit wie vielen Aktiengesellschaften Sie an nur einem Tag in Kontakt kommen, indem Sie deren Produkte nutzen oder konsumieren? Nein? Dann wird es Zeit, denn der durchschnittliche deutsche Bürger nutzt an jedem einzelnen Tag schätzungsweise 40 Produkte unterschiedlicher AGs. Damit Sie eine ungefähre Vorstellung davon bekommen, welche Unternehmen dies sein könnten, haben wir hier einmal einen Tag für Sie durchgespielt. Sie werden staunen! Vielleicht erkennen Sie Ihre eigenen Tätigkeiten oder verschiedene Produkte wieder. Das Ziel besteht hier darin, Ihr tägliches Bewusstsein dafür zu schärfen. Viel Spaß!

- 07:00 Uhr, Aufstehen iPhone-Wecker: *Apple*
- 07:02 Uhr, LED-Lampe einschalten: *Philips*
- 07:10 Uhr, Dusche, Garnier-Shampoo, Axe-Duschgel: *L'Oréal, Unilever*
- 07:20 Uhr, Zähne putzen, Dr. Best OdolMed3: *GlaxoSmithKline*
- 07:25 Uhr, Rasieren, Rasierer, Rasierschaum Nivea: *Philips, Beiersdorf*
- 07:30 Uhr, Kaffee Nespresso und Cornflakes: *Nestlé, Südzucker, Kellogg's*
- 07:40 Uhr, Nachrichten-App, BILD: *Axel Springer*
- 07:50 Uhr, Anzug anziehen: *Hugo Boss*
- 08:00 Uhr, Fahrt zum Büro mit Mercedes und KFZ-Vollkasko: *Daimler, Axa*

- 08:10 Uhr, Zwischenstopp an der Tankstelle Aral: *BP*
- 08:20 Uhr, Laptop hochfahren, Excel und SAP starten: *Lenovo, Intel, Microsoft, SAP*
- 09:30 Uhr, PDF-Dokumente erstellen: *Adobe Systems*
- 10:00 Uhr, Dokumente auf USB-Stick speichern: *SanDisk*
- 12:00 Uhr, Mittagessen Pizza Hut und Kaffee: *Yum Brands und Starbucks*
- 12:15 Uhr, Volvic-Wasser: *Danone*
- 12:30 Uhr, Social-Media-Update und WhatsApp-Nachricht: *Facebook, Xing, Twitter*
- 15:00 Uhr, Anruf bei der Freundin, O2-Netz: *Vodafone*
- 17:00 Uhr, letzte E-Mail checken, GMX: *United Internet*
- 17:30 Uhr, beste Bar googeln: *Alphabet*
- 19:00 Uhr, Beck's-Bier mit Freunden in der Bar genießen: *Anheuser Busch*
- 20:30 Uhr, Rechnung bargeldlos zahlen: *Wirecard, Visa, Ingenico*
- 21:00 Uhr, Kopfschmerztablette Aspirin nehmen: *Bayer AG*
- 21:30 Uhr, neuen LED-TV bestellen: *LG, Amazon, Deutsche Post*
- 21:45 Uhr, Tickets für Konzert und Kinofilm online kaufen: *CTS Eventim, Walt Disney*
- 22:00 Uhr, Depot checken, Ing Diba: *Ing Group*
- 22:30 Uhr, Video on Demand schauen: *Netflix*
- 23:00 Uhr, Schlafen gehen mit Pyjama und Licht aus: *H&M, RWE*
- 23:30 Uhr, Gemütlicher Ausklang des Tages mit der besseren Hälfte und ohne Familienplanung, Durex: *Reckitt Benckiser*

Anlegen wie die Superreichen – Family Offices

Wer regelt eigentlich für die vermögenden Unternehmerfamilien, für die Adligen und anderen Superreichen das Finanzielle? Wie wird das

Geld der reichsten 0,1 Prozent in Deutschland denn angelegt? Antworten auf diese Fragen erhalten Sie in diesem Kapitel.

Drei Vermögensverwalter, die diese Tätigkeit für vermögende Familien ausführen, haben sich in die Karten schauen lassen und die Anlagenverteilung für eine Analyse des *Handelsblattes* offengelegt.[49] Wer, wenn nicht die Topvermögenden in Deutschland, weiß, wie man sein Geld langfristig intelligent anlegen sollte? Nehmen Sie sich die Zeit und vergleichen Sie Ihre Vermögensaufteilung mit den folgenden Daten. Wenn Sie massive Abweichungen feststellen, dann handeln Sie.

Nun zu den Zahlen: In der *Handelsblatt*-Analyse wurden drei unterschiedliche *Family Offices* als Datenbasis herangezogen. Dazu gehören der Harald Quandt Trust, Focam und die LGT Bank. Was direkt auffällt, ist die durchweg niedrige Quote an Geldwerten im Portfolio. Lediglich die LGT Bank fährt eine Anleihequote von 28,5 Prozent. Die Philosophie ist ansonsten weitestgehend identisch. Sachwerte sind die Wahl der Experten. Diese unterteilen sich je nach Investmentansatz auf Aktien, Private Equity, Immobilien, Edelmetalle, Rohstoffe, Land und Hedgefonds. Aber sehen Sie selbst, welche Aufteilung die Profis für die Milliarden der Mandanten wählen.

Harald Quandt Trust (Familie Quandt, Inhaber von BMW und anderen)
- 30 Prozent direkte Beteiligungen/Private Equity
- 30 Prozent Aktien (passiv und aktiv verwaltete Fonds)
- 20 Prozent Hedgefonds
- 10 Prozent Immobilien
- 10 Prozent Gold/Cash

Focam (*Multi Family Office*)
- 30 Prozent Immobilien
- 25 Prozent Aktien
- 14 Prozent direkte Beteiligungen/Private Equity

- 11,5 Prozent Absolute Return (Spezialwertpapiere)
- 9,5 Prozent Anleihen
- 5 Prozent Wald & Agrarland
- 3 Prozent Edelmetalle
- 2 Prozent Sammlungen

LGT Bank (Fürstenfamilie Liechtenstein)
- 28,5 Prozent Anleihen
- 24 Prozent Hedgefonds
- 21,5 Prozent Aktien
- 20 Prozent direkte Beteiligungen/Private Equity
- 6 Prozent Rohstoffe/Immobilien

Was können wir nun daraus lernen? Wir sollten unser Kapital möglichst breit in verschiedene Anlageklassen streuen und die ausschließliche Anlage im Heimatmarkt vermeiden. Sachwerte sind die Anlage der Wahl. Wenn Sie glauben, dass diese Aufteilung nur mit hohen Millionenbeträgen möglich ist, dann müssen wir Ihnen widersprechen. Bereits mit wenigen Tausend Euro können Sie sich an der Wertentwicklung der einzelnen Assets beteiligen. Dies funktioniert sehr gut mit ETFs oder aktiv verwalteten Fonds.

Wir hoffen, wir konnten für Sie nun die passenden Argumente liefern, die Sie unabhängig von der Meinung der Massen selbstbewusst den Weg in die Aktienbeteiligung gehen lassen. Damit Sie dafür auch die notwendigen Grundregeln kennen, lernen Sie jetzt die sieben wichtigsten Regeln des Investierens.

Sieben Regeln des Investierens

Nachdem Sie sich nun einen Überblick über die möglichen Anlageformen verschafft haben und bereit sind, in Sachwerte zu investieren, statt Geldwerte zu besparen, sollten Sie die sieben wichtigsten Regeln des Investierens kennen.

1. Investieren Sie nur in etwas, das Sie auch verstehen

Jeder hat es schon einmal erlebt. Man kauft sich ein neues technisches Gerät, und auch nach intensivem Studium der Bedienungsanleitung erschließen sich all die Finessen des neuen Produkts nur teilweise. Was beim Gerät nur nervt, kann bei der Geldanlage schwerwiegende Folgen haben. Viele Anleger neigen dazu, in komplexe Finanzprodukte zu investieren, auch weil sie laut Auskunft des Bankberaters noch sehr einfach klangen. Einfachheit bei der Geldanlage muss aber kein Nachteil sein. Im Gegenteil: Je transparenter eine Anlage ist, desto leichter kann man Kursentwicklung und Kosten bewerten.

2. Legen Sie nicht alle Eier in einen Korb

Es gibt kein schlechtes Wetter, es gibt nur falsche Kleidung. Diese Einstellung, die von vielen Sportlern gelebt wird, sollte auch beim Investieren beherzigt werden. Wer mit T-Shirt und Sonnenbrille in Sturm und

Hagel herumtappst, ist schlecht ausgerüstet. Das Gleiche gilt auch bei Gewittern an den Weltmärkten. Achten Sie bei der Geldanlage auf die Mischung und Streuung Ihrer Investments. Investmentfonds, die in verschiedene Regionen und Branchen investieren, eignen sich hierfür gut.

3. Hin und her macht Taschen leer

Jedem Investmenttipp hinterherzulaufen, sei es von einem Finanzprofi oder von einem Bekannten, und andauernd von der einen Anlage in die andere umzuschichten, kostet nicht nur viel Zeit, sondern ist zudem riskant und vor allem teuer. Jede Transaktion kostet immerhin Geld und schmälert somit langfristig die Erträge. Planen Sie lieber Ihre persönliche Strategie einmal von Grund auf entsprechend Ihren Zielen und Bedürfnissen und variieren sie diese nur zu bestimmten festen Zeiten in Nuancen, falls es überhaupt einer Anpassung bedarf.

4. Gewinne laufen lassen und Verluste konsequent begrenzen

Ein häufiges Phänomen sind Anleger, die mit einzelnen Investments ins Minus rutschen und vehement daran festhalten. Sie hegen die Einstellung: »Die Aktie wird schon wiederkommen« oder »Eine gute Aktie muss auch mal durchatmen«. Sie gestehen sich nur ungern Fehlentscheidungen ein und halten das Wertpapier, bis es weit in die negativen Zahlen gerutscht ist. Die Notbremse wird dann oft erst bei 50, 60 oder 70 Prozent Verlust gezogen. Dabei ist vielen Anlegern nicht bewusst, dass ein Verlust von 50 Prozent eine Wertsteigerung von 100 Prozent zur Folge haben muss, damit der Ausgangswert wieder erreicht wird. Schlimmer wird es noch bei einem Einbruch von 70 Prozent. Hier ist mehr als eine Verdreifachung des Investments notwendig, um wieder beim Ausgangskapital anzukommen.

Umgekehrt kommen Anleger bei kleinen Gewinnen zu der Einstellung: »Was ich habe, kann mir keiner mehr wegnehmen.« Sie verkaufen aussichtreiche Wertpapiere, noch bevor diese ihre eigentliche Dynamik entwickelt haben. Der umgekehrte Weg ist richtig: Verkaufen Sie verlustreiche Papiere, bevor sich der Schaden vergrößert – und verwandeln Sie nicht gleich jeden Kursgewinn in Bargeld, sondern lassen Sie der Aktie Zeit für eine weitere Aufwärtsentwicklung.

5. Nicht jedes Investment passt zu jedem Investor

Vor jedem Investment sollten Sie sich als Anleger über Ihre Risikoneigung bzw. Schwankungstoleranz Gedanken machen. Tatsächlich kann es sein, dass Depots vorübergehend im negativen Bereich liegen. Manch einer freut sich und kauft direkt die nächsten Aktien nach, da diese ja anscheinend im Ausverkauf mit Rabatt zu haben sind. Doch der Anleger, der bei negativen Zahlen im Depot zu Schlafstörungen neigt, sollte ehrlich zu sich selbst sein und Aktien und Anleihen so mischen, dass dieser Mix seiner Mentalität entspricht. Die Wertpapiere sollten zu Ihnen passen und nicht umgekehrt.

6. Lassen Sie die Zeit für sich arbeiten

Die Gier nach schnellen Gewinnen hat schon viele Opfer gekostet. Lassen Sie sich nicht zur Kurzfristspekulation verleiten. Wenn Sie zocken wollen, dann gehen Sie ins Kasino. Die Investition in Aktien wird sich für Sie erst dann rentieren, wenn Sie Zeit mitbringen. Lassen Sie die Zeit und den Zinseszinseffekt für sich arbeiten.

7. Agieren Sie bei Aktien und Fonds emotionslos und nüchtern

Emotionen sind langfristig bei zwischenmenschlichen Beziehungen essentiell, wenn diese von Dauer sein sollen. Was bei der Beziehung zu einem anderen Menschen wichtig ist, sollten Sie allerdings bei der Finanzanlage tunlichst vermeiden. Zu investieren heißt Chancen und Risiken abzuwägen, objektiv zu analysieren und am Ende rational und ohne den Einfluss von Sympathie und Gefühlen zu entscheiden. Dann sind die Entscheidungen auch reproduzierbar, und der Investmenterfolg stellt sich langfristig ein.

Unser Abschluss-Statement zum Thema Investment: Bedenken Sie bei Ihrem Investment immer, dass der faire Wert eines Unternehmens kontinuierlich steigt, dass sich jedoch der Preis, getrieben durch Gier und Panik, weit nach oben oder unten davon entfernen kann. Die Börsenlegende André Kostolany verglich dies einmal mit dem Bild von Hund und Herrchen. Während der Hund (Börsenkurs) ständig vor und wieder zurückläuft, bewegt sich das Herrchen (der faire Wert) in gleichbleibender Geschwindigkeit nach vorne.

Sie sollten diesen Sachverhalt kennen und die Preisschwankungen für sich zu nutzen wissen. Wie das am besten funktioniert? Mit monatlichen Sparplänen und durch Ausnutzung des Cost-Average-Effect (Durchschnittskosteneffekt).

Unter dem Cost-Average-Effect versteht man die Tatsache, dass Sie für einen gleichbleibenden Sparbetrag bei niedrigen Kursen mehr Anteile und bei hohen Kursen weniger Anteile kaufen. Der große Vorteil: Sie lassen die Emotion automatisch unberücksichtigt und kaufen antizyklisch. Damit erzielen Sie bei einem längerfristigen Sparplan (beispielsweise in schwankende Fonds) einen günstigen Durchschnittspreis für Ihre Anteile.

Die Auswirkungen des Cost-Average-Effect fallen umso stärker aus, je volatiler der Kurs der Fonds ist, in die investiert wird. Bei Sparraten für Banksparplan, Bausparvertrag und Co. nutzt Ihnen dies absolut gar nichts, weil es hier keine Preisschwankungen gibt.

Hierzu ein Beispiel: Sie investieren jeden Monat 200 Euro, der Einfachheit halber in nur einen Investmentfonds.

Monat	Sparbetrag	Fondskurs	Anzahl Anteile
1	200 Euro	200 Euro	1
2	200 Euro	300 Euro	0,66
3	200 Euro	200 Euro	1
4	200 Euro	100 Euro	2
5	200 Euro	200 Euro	1

Abbildung 34: Beispiel – Investition in einen Investmentfonds

Nach fünf Monaten haben Sie also insgesamt 1000 Euro in den Fonds investiert und bedingt durch die Schwankungen über die Monate verteilt insgesamt 5,66 Anteile an diesem Fonds erworben.

Am Ende steht der Fondskurs genau dort, wo er schon zu Beginn stand. Als Anleger hätten Sie also bei einer Einmalanlage zu Anfang des Jahres am Jahresende genau Ihr eingezahltes Kapital erhalten.

Durch die monatliche Anlage eines gleichbleibenden Betrags und den Cost-Average-Effect haben Sie aber nun 5,66 Anteile zu einem Kurs von 200 Euro, also 1132 Euro erworben und damit einen Gewinn von 132 Euro oder 13,2 Prozent in Ihrem Depot verbuchen können. In der Praxis wird der Effekt natürlich mit zunehmendem Vermögen in der Anlage geringer, da die Einzelkäufe eine abnehmende Auswirkung auf den Gesamtdurchschnittspreis haben. Dieser Tatsache kann man jedoch mit stetig steigenden Investitionsraten und gezielten Einzelinvestments in Krisen entgegenwirken.

Plädoyer für die Aktie

Sie haben nun viele Möglichkeiten kennengelernt, sich mit verschiedenen Anlageklassen und -formen an der Wirtschaft zu beteiligen. Wir möchten dennoch an dieser Stelle noch einmal auf die Aktie als einen der wichtigsten Sachwerte aufmerksam machen.

Aktien sind Anteile an Unternehmen und keine Lotteriescheine. Das wird leider viel zu oft vergessen. Beim Aktienkauf wird man wirklich Mitbesitzer an einem Unternehmen und beteiligt sich eins zu eins an dessen Entwicklung, die in der Vergangenheit zumindest schon so erfolgreich war, dass der Sprung an die Börse gelungen ist.

Sie müssen keine eigene Firma gründen, keine Produkte erfinden, keine Mitarbeiter einstellen und keine Werbung machen. Sie können in wenigen Sekunden per Mausklick Miteigentümer der großartigsten Firmen der Welt werden. Seien Sie dankbar, dass dies heute so einfach möglich ist.

Dabei sind die Aktienrenditen im Vergleich wirklich immens. Keine andere Anlageklasse hat in den vergangenen 100 Jahren so hohe Renditen erwirtschaftet wie Aktien. Schauen Sie sich das folgende Diagramm (Abbildung 35) an und überzeugen Sie sich selbst. Vergessen Sie aber nicht, dass es sich hier um eine logarithmische Darstellung des USD-Werts auf der vertikalen Achse handelt. Wäre die y-Achse linear skaliert, würde die hier dargestellte Entwicklung nicht mehr auf eine Buchseite passen.

In keinem anderen Anlagesegment können Sie Risiken besser und einfacher diversifizieren als bei Aktien. Sie können mit einem Klick Unternehmen in China, in Norwegen und in Brasilien kaufen oder ganz einfach Anteile weltweit aufgestellter Fonds erwerben. Damit sind Sie global investiert, und das schon mit sehr geringen monatlichen Beträgen. Das ist einzigartig.

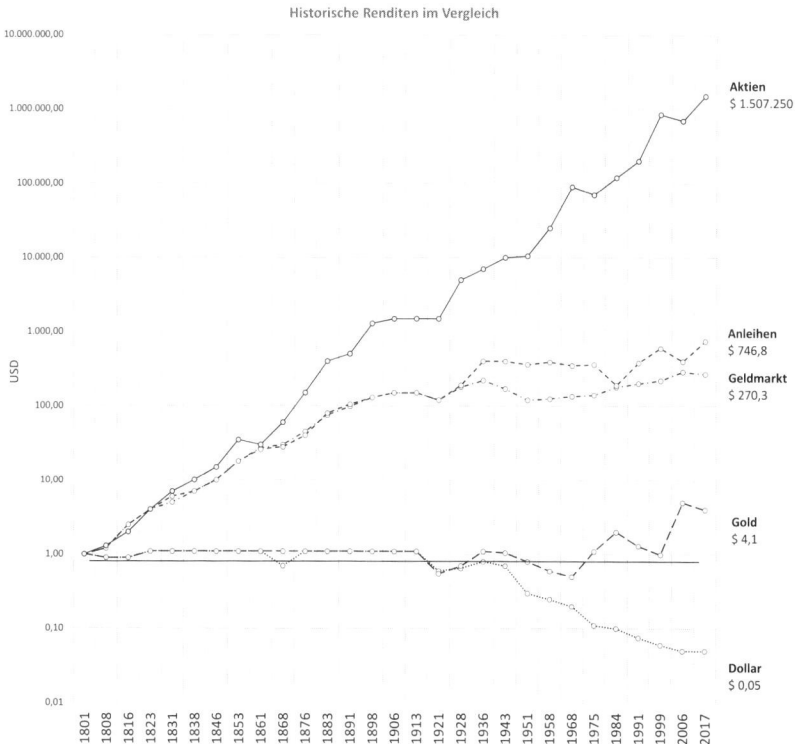

Abbildung 35: Aktienrenditen von 1801 bis 2017 im Vergleich, Quelle: VVG Vermögens & Verwaltungsgesellschaft m.b.H.[50]

Zu guter Letzt können wir Ihnen aus eigener Erfahrung sagen, dass keine Anlageform so wenig Betreuung, Pflege und Aufmerksamkeit benötigt wie die Aktie. Es genügt oft, quartalsweise zu justieren und ansonsten die Investitionen einfach weiterlaufen zu lassen. An Aktien führt kein Weg vorbei, wenn Sie die Absicht des Vermögensaufbaus verfolgen, sei es in Form von Einzelaktien oder von Investmentfonds.

Mit dieser Anlageklasse fahren Sie langfristig die besten Renditen ein und erfreuen sich am Ende einer schönen Summe, über die auch Ihre Kinder und Enkelkinder glücklich sein werden.

»Wer mit Aktien Geld verdienen will, macht dies nicht mit dem Kopf oder mit dem Bauch, sondern mit dem Hintern, indem er möglichst lange drauf sitzen bleibt.«

BÖRSENWEISHEIT

Ihr finanzielles Haus

Zum Abschluss des Buches soll es nun um Ihre konkrete Finanz-
aufstellung gehen. Das finanzielle Haus, wie in Abbildung 35 dargestellt, symbolisiert die Struktur der privaten Finanzen und gibt Ihnen
einen guten Überblick über Ihre Ziele.

Abbildung 36: Das finanzielle Haus, Quelle: eigene Darstellung

Beginnen wir oben, mit dem Dach des Hauses. Wie sollte das Dach
Ihres Hauses ausgestaltet sein?

Notgroschen – kurzfristig

Sie sollten stets über einen Notgroschen verfügen. Er sollte circa zwei bis drei Nettomonatsgehälter bei Angestellten oder Beamten betragen. Bei Selbstständigen sollte er deutlich höher gewählt werden, etwa in Höhe eines Jahreseinkommens.

Dieses Geld muss stabil, also wertschwankungsarm angelegt und jederzeit verfügbar sein. Eine großartige Rendite dürfen Sie hier deshalb nicht erwarten.

Darum geht es aber auch nicht. Der Notgroschen dient dazu, dass Sie für die meisten Eventualitäten des Lebens gerüstet und liquide sind. In der Praxis bedeutet das einen Mix aus Girokonto und Tagesgeldkonto. Auch einen kleinen Betrag als Bargeld vorrätig zu haben erscheint hier sinnvoll.

Mittelfristiger Vermögensaufbau

Ist der Notgroschen aufgebaut, geht es weiter mit dem mittelfristigen Vermögensaufbau. Hier ist eine Anlagedauer von circa drei bis zehn Jahren empfehlenswert.

Ziele wie ein Autokauf, teurere Reisen oder größere Anschaffungen können mit disziplinierter Investition und genauer Planung schneller erreicht werden. Doch auch in diesem Anlagebereich sollten Sie sich genau überlegen, ob die Anschaffungen, auf die Sie hinsparen, wirklich essentiell sind oder lediglich Ihrem Konsumwunsch entsprechen und nach kurzer Zeit weit weniger wert sein werden, als Sie ursprünglich dafür ausgegeben haben.

Die Höhe der monatlichen Investitionsrate ist hier sehr individuell. Sie kann von 25 Euro monatlich bis zu mehreren Tausend Euro reichen. Wir empfehlen dabei jedoch, der langfristigen Planung für die

Rentenzeit eine höhere Priorität beizumessen und erst danach Ihre mittelfristigen Ziele ins Auge zu fassen.

Da wir in diesem mittleren Anlagebereich im Vergleich zum Notgroschen eine höhere Schwankung durch den längeren Anlagezeitraum in Kauf nehmen können, ist die Rendite schon sehr ansehnlich. In der Praxis empfehlen wir hier eine Depotlösung und einen breit gestreuten Mix aus Mischfonds (defensiv, dynamisch, offensiv) und Aktienfonds, die entweder aktiv gemanagt werden oder als ETF passiv einen Index abbilden.

Langfristiger Vermögensaufbau

In diesem Bereich sollten Sie einen Anlagehorizont von mehr als zehn Jahren anvisieren. Damit erreichen Sie langfristige Ziele und finanzielle Freiheit, wenn Sie es richtig angehen und ausreichend investieren.

Da wir einen sehr langen Anlagezeitraum haben, ist die Rendite erwartungsgemäß am höchsten. Hier erst arbeitet der Zinseszins wirklich effektiv für Sie. Durch die hohe Schwankung, die Sie akzeptieren können, empfiehlt sich ein monatlicher Sparplan. Dadurch nutzen Sie den Cost-Average-Effect. In der Praxis empfehlen wir hier ein breit gestreutes Portfolio aus Aktienfonds, ETFs oder auch ausreichend diversifizierten Einzelaktien und Immobilien.

Indem Sie sich diese noch über das monatliche Sparen zunutze machen, ist eine langfristige Rendite von 7 bis 10 Prozent pro Jahr durchaus realistisch.

Die staatliche Förderung

Wie im Kapitel »Staatlich geförderter Vermögensaufbau« erläutert, kann es sinnvoll sein, auf dem Weg zur finanziellen Freiheit den Staat als Unterstützung mit einzubeziehen. Hier gilt wie beschrieben: Es kommt nicht in erster Linie auf die Förderung an, sondern welchen Investmentkern Sie innerhalb der Fördermöglichkeiten wählen. Hier sollte durch den meist sehr langfristigen Anlagehorizont eine hohe Aktienquote bei breiter Streuung unterschiedlicher Schwerpunkte und Regionen angestrebt werden. Das ist eine Art Absicherung, um spätestens im Rentenalter finanzielle Freiheit zu erreichen!

Wie beschrieben sollten Sie, je nach Alter, mindestens 10 Prozent Ihres Einkommens langfristig für Ihren Ruhestand zurücklegen.

Absicherung

Bevor Sie anfangen, strategisch Vermögen aufzubauen, sichern Sie sich bitte zuallererst gegen die elementarsten Risiken ab. Deshalb führt kein Weg an einer Privathaftpflicht-Versicherung vorbei. Auch die Absicherung Ihres größten Vermögenswerts, Ihrer Arbeitskraft, sollte in keinem privaten Finanzplan fehlen. Die Leistung im Versicherungsfall sollte hier ausreichend hoch gewählt werden, und die Qualität sollte stimmen.

Lassen Sie sich hierzu möglichst unabhängig beraten. Einen ersten Überblick über das Thema Versicherung erhalten Sie im folgenden Abschnitt.

Welche Versicherungen brauchen Sie?

Die Deutschen lieben Policen. Das Wissen, im Fall der Fälle gut abgesichert zu sein, verschafft wohl jedem Menschen ein gutes Gefühl. Sehr häufig legen die Deutschen hier allerdings eine Art Vollkaskomentalität an den Tag. Versichert werden zig Risiken, nur die wirklich elementaren, existenzgefährdenden Risiken nicht oder nicht ausreichend.

Die schlechte Nachricht zu Beginn: Sie können und sollen sich nicht in Watte packen. Auch der Goldfisch und Ihr geliebter LCD-TV müssen nicht zwingend versichert sein. Es gibt nur wenige Versicherungen, die tatsächlich zu empfehlen sind. Sie müssen bedenken, dass jede Versicherung eine Wette gegen die Versicherungsgesellschaft ist und in keiner Weise Ihrem Vermögensaufbau dient, somit also nicht zu Ihrer finanziellen Freiheit beiträgt.

Es geht bei einer Versicherung lediglich darum, die echten Lebensrisiken abzusichern. Dies sind Situationen (Worst-Case-Szenarien), die Ihren großen Lebensplan, Ihre Ziele und Wünsche, ins Wanken bringen können.

Eine elementare Versicherung haben Sie auf jeden Fall schon einmal: die Krankenversicherung, die Ihnen bei Krankheit die Behandlung bezahlt. Da sind die Deutschen zum Glück gesetzlich zur Absicherung verpflichtet. Ob gesetzlich oder privat, die größten finanziellen Sorgen, die mit dem Krankheitsfall einhergehen können, sind abgedeckt.

Die Privathaftpflicht-Versicherung, die Sie für Schäden finanziell absichert, die Sie womöglich (auch ohne Verschulden) anderen zufügen, gehört ebenfalls zum Pflichtprogramm. Es geht hier nicht in erster Linie um das Porzellan oder das Smartphone Ihrer Bekannten und Verwandten, das Sie aus Versehen kaputtmachen. Es geht vorrangig um Situationen, die sich niemand gerne vor Augen führt. Wenn Sie aus Versehen einem anderen Menschen gesundheitlichen Schaden zufügen (Sie übersehen ein Kind, das sich bei einem Sturz schwer verletzt), kann das dazu führen, dass Sie ein Leben lang dafür aufkommen müssen. Und genau davor schützt Sie die Privathaftpflicht.

Die Berufsunfähigkeitsversicherung sichert Ihren größten Vermögenswert ab: Ihre Arbeitskraft. Sollten Sie also noch nicht in der glücklichen Lage sein, sich Privatier zu nennen, also durch Ihr passives Einkommen Ihren Lebensstandard finanzieren zu können, ist eine solche Police eine weitere elementare Absicherung. Ihr Arbeitseinkommen ist der Schlüssel für Ihre finanziellen Ziele, ohne diesen Schlüssel bleibt das Tor zu diesen Zielen verschlossen.

Als grobe Hausnummer empfiehlt sich eine Absicherung in Höhe von circa 80 Prozent Ihres Nettoeinkommens. Bedenken Sie hierbei, dass statistisch jeder dritte Arbeiter und jeder fünfte Angestellte in seinem Berufsleben berufsunfähig wird. Dabei liegt die Ursache meist in psychischen Erkrankungen.

Die Risikolebensversicherung ist für Eltern oder Paare wichtig. Stirbt einer der Partner, muss das Geld aus dieser Police die Lebenshaltungskosten der Hinterbliebenen ebenso abdecken wie die Ausbildung der Kinder und ggf. die Kreditraten fürs noch nicht abgezahlte Eigenheim.

Achtung: Die *Risiko*lebensversicherung ist nicht zu verwechseln mit der *Kapital*lebensversicherung, die eine Risikolebensversicherung mit einem miserabel verzinsten Sparvertrag koppelt!

Die KFZ-Haftpflichtversicherung ist gesetzlich vorgeschrieben, sobald Sie ein Fahrzeug auf sich zulassen wollen. Das ist auch gut so, weil diese, ähnlich wie die Privathaftpflicht, für Schäden aufkommt, die Sie anderen womöglich zufügen.

Es geht also in den geschilderten Fällen um Szenarien, die Ihren Lebensplan gefährden können. Und diesen Lebensplan sollten Sie absichern.

Bei allen anderen Versicherungen wie Unfallversicherung, Hausrat-, Glasbruch-, Rechtsschutz-, Krankenzusatz-, Reisegepäckversicherung, Handy- und Elektronikversicherung, Goldfischversicherung (nein, diese gibt es zum Glück noch nicht) sollten Sie im Einzelfall prüfen, ob die betreffende Police das Geld wirklich wert ist, das sie dafür zahlen müssen.

Der passende Investitionsbetrag

Eine Grundregel zur Höhe des langfristigen Sparbetrags ist schwierig aufzustellen. Das kommt ganz auf Ihre individuelle Situation, Ihre Ziele und Wünsche an.

Eine grobe Faustregel könnte allerdings so aussehen: Abhängig von Ihrem Alter sollten Sie bis Mitte 20 mindestens 10 Prozent Ihres Einkommens sparen. Zwischen 25 und 35 Lebensjahren sollten es schon 15 Prozent sein. Ab 35 sollten Sie sich eher auf 20 Prozent einstellen.

Dass Sie über lange Zeitabschnitte immer den gleichen Prozentsatz zurücklegen, hat große Vorteile. Sie werden Ihren Lebensstandard automatisch einem gesunden Verhältnis anpassen. Mit jeder Gehaltserhöhung steigt automatisch auch der Anteil, den Sie langfristig einsparen und investieren können. Den Rest dürfen Sie mit einem sehr guten Gewissen in schöne Dinge und großartige Erlebnisse investieren, wie es Ihnen passt.

Der Mensch ist ein Gewohnheitstier. Wenn Sie 2000 Euro netto verdienen und davon 20 Prozent sparen, sprechen wir von 1600 Euro, die Sie zur freien Verfügung haben. Sie werden mir sicher zustimmen, dass Sie sich nach einer Gewöhnungsphase wahrscheinlich an 1600 Euro genauso anpassen werden wie vorher an die 2000 Euro. Sie werden kleinere Abstriche machen müssen. Sie beginnen aber automatisch, sich vor jedem Kauf von Konsumartikeln Gedanken zu machen, ob Sie diese Dinge tatsächlich brauchen oder ob Sie sie nur aus einem Impuls heraus haben wollen.

Die 400 Euro im Monat, die Sie investieren, arbeiten jedes Jahr, jeden Monat, jede Woche und jeden Tag für Sie. Sie lassen Ihr Geld für sich arbeiten, damit Sie bald nicht mehr für Geld arbeiten müssen.

Als fatal erachten wir die gängige Praxis, nur das zu sparen, was am Monatsende übrig bleibt. In den meisten Fällen bleibt eben gerade nicht mehr viel übrig, was investiert werden kann.

Bezahlen Sie am 1. jedes Monats erst einmal die Rate für Ihre eigene persönliche Freiheit. Alles, was danach übrig bleibt, können Sie dann ausgeben. Nicht andersherum.

Wir können uns nur wiederholen: Nicht der, der viel verdient, ist reich, sondern nur der, der viel davon behält. Sie werden nicht wohlhabend, wenn Sie nicht investieren. Die oben empfohlenen Prozentsätze sind Untergrenzen. Wenn Sie finanziell früher unabhängig werden wollen, dürfen Sie gerne auch einen deutlich höheren Teil sparen.

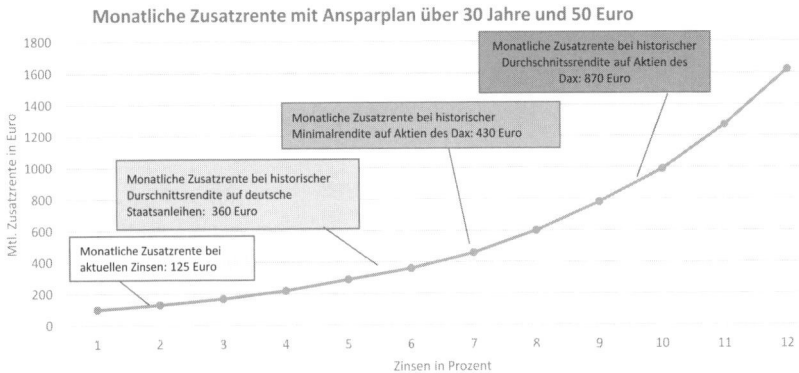

Abbildung 37: Höhe der zusätzlichen monatlichen Rente bei unterschiedlichen Renditeannahmen, Quelle: Deutsches Aktieninstitut, Aktionärszahlen 2016[51]

Sparquoten von 30 bis 50 Prozent hören sich astronomisch an, allerdings werden Sie überrascht sein, wie wenig wir tatsächlich brauchen. Es ist nämlich sehr wenig. Die meisten Dinge kaufen wir, weil wir sie wollen, nicht weil wir sie brauchen.

Mit einem konkreten Ziel vor Augen ist es leichter, die notwendigen Schritte zu gehen. Abbildung 37 zeigt, wie schnell Sie mit wenig monatlichem Aufwand bei der Investition in Aktien eine Zusatzrente von mehreren Hundert Euro aufbauen können und wie drastisch der Unterschied zur klassischen Zinsanlage ist.

Was macht einen guten Anlageberater aus?

Die meisten Menschen haben schon Erfahrungen mit einem Finanzberater gemacht und vertrauen ihm mehr oder weniger. Das liegt daran, dass es wie in jeder Branche herausragende, mittelmäßige und auch schlechte Berater gibt. Egal ob Architekt, Koch oder Friseur – in jedem Beruf gibt es entsprechend der berühmten Glockenkurve des Mathematikers Gauß alle Qualitäten.

Damit Sie zukünftig Anhaltspunkte haben, anhand derer Sie die Qualität eines Anlageberaters erkennen können, haben wir im Folgenden einige Kriterien aufgelistet:

1. Ungebundene Beratung
2. Integrität
3. Konzeptbasierte Beratung
4. Individuelles Eingehen auf Ihre Bedürfnisse
5. Investmentorientierung
6. Nachhaltigkeit
7. Bestandsprüfung
8. Ganzheitlichkeit
9. Beratung in einer Form, wie er selbst gerne beraten werden würde
10. Ansprechen auch ungeliebter Wahrheiten

Sind Sie als Privatperson zwingend auf die Unterstützung durch einen Experten angewiesen? Aus unserer Sicht ist es unabhängig von Vorwissen, Kapital oder Einstellung von Vorteil, einen Coach in finanziellen Dingen zu haben. Wie Sie bereits erfahren haben, vertrauen auch sehr vermögende Familien ihren Finanzberatern und -managern.

Ein guter Finanzcoach wird Ihnen die Diskrepanz zwischen Ihren Wünschen und Ihren eigentlichen Bedürfnissen aufzeigen. Er wird Ihnen auch ungeliebte Wahrheiten vor Augen führen, Sie aber kontinuierlich bis zu Ihrem Ziel begleiten und dafür sorgen, dass Sie auf dem richtigen Weg bleiben. Wählen Sie Ihren Berater also mit Bedacht aus.

Das neue volkswirtschaftliche Dreieck

Jeder von uns nimmt an der Volkswirtschaft teil. Lediglich in der Art und Weise der Teilnahme unterscheiden sich die einzelnen Menschen stark. Dazu möchten wir abschließend folgendes vereinfachtes Gedankenmodell präsentieren.

Die meisten Bürger nehmen an der Volkswirtschaft teil, indem sie Produkte und Dienstleistungen konsumieren. Sie treten also als Konsumenten in der Volkswirtschaft auf. Im Jahr 2017 konsumierten die Deutschen Waren und Dienstleistungen für 1636 Milliarden Euro.[52]

Knapp die Hälfte, genau 44,6 Prozent der 82,5 Millionen Deutschen, sind auch als Arbeitnehmer/Erwerbstätige an der Volkswirtschaft beteiligt.[53] Sie arbeiten bei großen oder kleinen Aktiengesellschaften sowie nicht börsennotierten Unternehmen und Betrieben. Dabei lag das Gesamtnettoeinkommen aller Haushalte (41 Millionen Haushalte in Deutschland) bei etwa 127 Milliarden Euro und das Haushaltsnettoeinkommen belief sich durchschnittlich auf 3100 Euro monatlich.[54]

Die wenigsten Deutschen gehen allerdings den dritten Schritt, um vor allem langfristig an der Volkswirtschaft teilzuhaben und von ihr zu profitieren. Wir meinen damit den Schritt zum Anteilseigner. Anteilseigner sind, wie bereits beschrieben, aus aktueller Sicht oft ausländische Investoren oder vermögende Familien in Deutschland, aber nur die wenigsten aus dem Mittelstand.

Die Deutschen haben insgesamt circa 10 Prozent ihres Vermögens direkt oder indirekt in Aktien investiert. Dies entspricht einem Kapital von 600 Milliarden Euro.

Bei 7 Prozent Rendite inklusive Dividendenzahlungen liegen dabei die jährlichen Gewinne bei etwa 42 Milliarden Euro. Wenn man nun allerdings bedenkt, dass allein die Dividendenzahlungen der deutschen Konzerne im Jahr 2018 eine neue Rekordmarke von über 50 Milliarden Euro erreichen, europaweit sogar über 320 Milliarden Euro, dann erscheinen die Erträge der Deutschen aus Aktien noch sehr gering.[55] Noch einmal im Vergleich:

- Konsumausgaben der Deutschen: 1636 Mrd. Euro
- Nettoeinkommen der Deutschen: 127 Mrd. Euro
- Erträge aus Aktien der Deutschen: 42 Mrd. Euro

Ein möglicher Grund, der dieses Ungleichgewicht im Volkswirtschaftsdreieck (siehe Abbildung 37) erklärt, kann der Umfang der Werbung sein, die für jeden der drei Bereiche gemacht wird.

Für den privaten Konsum wird mit Abstand am meisten geworben. Schließlich will die Industrie, dass wir alle zu ausgabefreudigen und treuen Konsumenten werden. Weniger, aber immer noch umfangreiche Werbung wird ebenfalls für die Tätigkeit als Arbeitnehmer gemacht. Unternehmen und verschiedene andere Portale und Organisationen sind sehr an potenziellen Arbeitnehmern interessiert. Wenig bis gar keine Werbung wird allerdings für den Kauf von Aktien, also ein Dasein als Anteilseigner, gemacht.

Wir möchten an dieser Stelle und mit diesem Buch bewusst Werbung für die Unternehmensbeteiligung als Aktienanteilseigner machen. Wenn Sie diesen Weg gehen, profitieren Sie langfristig am meisten von den beiden anderen Positionen, also den Konsumenten und den Arbeitnehmern, die einerseits »Ihre« Produkte kaufen und diese andererseits produzieren.

Konsument

Arbeitnehmer   Anteilseigner

Abbildung 38: Neues volkswirtschaftliches Dreieck, Quelle: eigene Darstellung

Schlusswort und Fazit

Zum Schluss dieses Buches können wir Ihnen nur sagen: Übernehmen Sie Verantwortung – für Ihre eigene finanzielle Situation in der Gegenwart und vor allem in der Zukunft, denn wenn Sie es nicht tun, wird es niemand machen.

Seien Sie nicht leichtsinnig, desinteressiert, gelangweilt, oder genervt vom Thema Geld und von Ihren Finanzen. Das hilft Ihnen nicht weiter.

Vielleicht hatten Sie nicht das Glück, von Ihren Eltern und Ihrer Schule eine solide finanzielle Grundausbildung erhalten zu haben. Auch das tägliche Umfeld mit der vielen Werbung verleitet uns, im puren Konsum zu leben, weil dadurch die Wahrnehmung unterstützt wird, dass man sich mit einem günstigen Kredit alles leisten könne.

Seien Sie stark, damit Geld nie einen zu hohen Stellenwert in Ihrem Leben einnimmt. Genau deshalb sollten Sie die volle Verantwortung dafür übernehmen. Bei finanziellen Schwierigkeiten wird das Thema Geld Ihre Gedanken jeden Tag bestimmen. Das wünschen wir niemandem, und deshalb sagen wir: Zeigen Sie Initiative! Suchen Sie weiterhin die Diskussion mit Ihren Bekannten, Freunden, Kollegen und Ihrer Familie, auch wenn das Thema sehr umstritten ist. Mit diesem Buch haben Sie aus allen Bereichen der privaten Finanzen das Grundwissen erhalten, um sich mit anderen über das Thema Geld auszutauschen. Geben Sie die Informationen weiter. Ihre Kinder werden es Ihnen danken.

Sprengen Sie die negativen Glaubenssätze auch bei Ihren Mitmenschen.

Manch einer mag es nicht als gerecht empfinden, aber der Wandel ist ein fester Bestandteil des Seins, und die Welt ist überhaupt selten gerecht. Viele Sparer in Deutschland wollen im neuen System der Niedrigzinsen nach den alten Regeln spielen. Damit werden sie aber keinen Erfolg haben. Helfen Sie dabei, das Sparzeitalter in Deutschland zu beenden und in ein Investitionszeitalter überzugehen.

Unser Ziel ist es, dass sich in Deutschland jeder gerne mit seinen Finanzen beschäftigt, weil er dadurch unabhängiger wird. Es zeigt sich, dass sich die Menschen in Deutschland nach und nach immer interessierter mit ihren Geldangelegenheiten selbst beschäftigen und sie immer weniger als Last sehen.

Wir hoffen, dass wir mit diesem Buch einen wesentlichen Beitrag dazu leisten konnten und dass Sie sich nun mit den neuen Impulsen und gewonnenen Erkenntnissen voller Mut, Motivation und Disziplin an Ihre private Investment- und Anlageplanung machen, damit Sie Ihren Zielen und Träumen einen großen Schritt näher kommen.

Jeder hat es verdient, sich dieses Wissen aneignen zu können und seine persönliche finanzielle Unabhängigkeit zu erreichen. Gehen Sie aus dem Haus und erzählen Sie Ihren Mitmenschen von unseren Ideen, empfehlen Sie dieses Buch weiter und fühlen Sie sich mit Geld wohl!

Hören Sie auf zu sparen und fangen Sie an zu investieren!

Benedikt Lotz und Joschi Häußler

»Die reinste Form des Wahnsinns ist es, alles beim Alten zu lassen und gleichzeitig zu hoffen, dass sich etwas ändert.«

ALBERT EINSTEIN

Anmerkungen

1 http://www.faz.net/aktuell/finanzen/fonds-mehr/teure-wissensluecken-lieber-zum-zahnarzt-als-zur-bank-1638730.html

2 http://www.zeit.de/wirtschaft/2017-03/armutsbericht-2017-deutschland-paritaetischer-wohlfahrtsverband-faq

3 http://www.tagesspiegel.de/politik/arbeitsministerium-rentenniveau-droht-drastisch-zu-sinken/14615620.html

4 http://www.faz.net/aktuell/wirtschaft/wirtschaftspolitik/steuerzahler-traegt-ein-drittel-der-gesetzlichen-rente-15060061.html

5 http://www.faz.net/aktuell/finanzen/fonds-mehr/altersvorsorge-die-inflation-halbiert-die-rente-1513590.html

6 http://www.deutsche-rentenversicherung.de/Allgemein/de/Navigation/1_Lebenslagen/05_Kurz_vor_und_in_der_Rente/01_Kurz_vor_der_Rente/04_wie_sich_die_rente_berechnet/wie_sich_die_rente_berechnet_node.html

7 https://www.deutsche-rentenversicherung.de/Allgemein/de/Inhalt/6_Wir_ueber_uns/03_fakten_und_zahlen/01_werte_der_rentenversicherung/werte_der_rentenversicherung.html

8 http://www.bmas.de/SharedDocs/Downloads/DE/PDF-Meldungen/2016/referentenentwurf-zur-sozialversicherungs-rechengroessenverordnung-2018.pdf?__blob=publicationFile&v=2

9 https://www.deutsche-rentenversicherung.de/Allgemein/de/Navigation/6_Wir_ueber_uns/02_Fakten_und_Zahlen/02_kennzahlen_finanzen_vermoegen/1_kennzahlen_rechengroe%C3%9Fen/standardrente_rentenniveau_node.html

10 http://www.dhv-ersatzkassen.de/barmer/statistik/rentenanpassungen.html

11 http://www.deutsche-rentenversicherung.de/Allgemein/de/Navigation/2_Rente_Reha/01_Rente/04_in_der_rente/05_kvdr_pvdr/00_02_kvdr_pvdr_beitraege_node.html

12 https://www.bundesbank.de/Navigation/DE/Statistiken/Zeitreihen_Datenbanken/Geld_und_Kapitalmaerkte/geld_und_kapitalmaerkte_list_node.html?listId=www_s510_rzsuh

13 Deutsche Bundesbank, Zahlen von 2016

14 https://www.dai.de/files/dai_usercontent/dokumente/studien/2017-02-14%20DAI%20Aktionaerszahlen%202016%20Web.pdf

15 http://www.faz.net/aktuell/finanzen/anleihen-zinsen/commerzbank-fuehrt-strafzins-fuer-mittelstaendler-ein-14059240.html

16 https://www.infratest-dimap.de/umfragen-analysen/bundesweit/umfragen/aktuell/geringverdiener-und-juengere-fuerchten-um-ihre-absicherung-im-alter/

17 Statistisches Taschenbuch der Versicherungswirtschaft 2017, Tabelle 138

18 https://www.welt.de/finanzen/article158296022/Die-Deutschen-sparen-sich-um-ihr-Vermoegen.html

19 http://www.sueddeutsche.de/wirtschaft/studie-der-ezb-die-meisten-deutschen-besitzen-weniger-als-andere-europaeer-1.3308252

20 Allianz SE; Eurostat; Economic Research Working Paper 201 vom 21.09.2016

21 http://de.inflation.eu/inflationsraten/deutschland/historische-inflation/vpi-inflation-deutschland.aspx

22 http://www.spiegel.de/wirtschaft/service/forsa-umfrage-kaum-ein-deutscher-versteht-die-finanzwelt-a-796561.html

23 https://www.dai.de/de/das-bieten-wir/studien-und-statistiken/studien.html?d=473

24 http://www.handelsblatt.com/finanzen/banken-versicherungen/private-bausparkassen-neugeschaeft-bricht-um-fast-ein-fuenftel-ein/19596088.html

25 https://de.statista.com/statistik/daten/studie/20011/umfrage/anzahl-der-bausparvertraege-bei-bausparkassen-in-deutschland/

26 http://www.handelsblatt.com/finanzen/banken-versicherungen/private-bausparkassen-neugeschaeft-bricht-um-fast-ein-fuenftel-ein/19596088.html

27 https://www.finanzen.de/news/17957/pech-fuer-bausparer-kuendigung-alter-bausparvertraege-laut-bgh-zulaessig

28 https://www.n-tv.de/ratgeber/Bausparvertrag-gekuendigt-article19022731.html

29 http://www.faz.net/aktuell/finanzen/meine-finanzen/mieten-und-wohnen/bhw-schliesst-mehr-neuvertraege-fuers-bausparen-ab-15408306.html

30 http://www.spiegel.de/wirtschaft/service/warum-bausparvertraege-oft-in-transparente-gebuehrenfallen-sind-a-881360.html

31 http://www.gdv.de/wp-content/uploads/2013/10/GDV-Lebensversicherung-in-Zahlen-2013-n.pdf

32 http://www.gegen-altersarmut.de/Wissen_Gerichtsurteile.htm

33 ttps://www.welt.de/print/die_welt/finanzen/article147248872/Allianz-raet-von-eigener-Police-ab.html

34 http://www.sueddeutsche.de/wirtschaft/kaliforniens-neue-reiche-millionaere-die-zur-miete-wohnen-1.1291400

35 Süddeutsche Zeitung, 30.10.2009

36 https://de.slideshare.net/lssrecht/grauer-kapitalmarkt-kapitalanlagebetrug

37 https://www.bvi.de/regulierung/positionen/investmentsteuerreform/

38 http://www.manager-magazin.de/finanzen/artikel/investmentfonds-manager-86-prozent-verfehlen-ihre-benchmark-a-1083401.html

39 https://www.arts.co.at/content/docs/news/2017/aktiv%20versus%20passiv.pdf

40 https://boerse.ard.de/boersenwissen/boersenwissen-fuer-fortgeschrittene/die-top-10-kryptowaehrungen100.html

41 http://www.handelsblatt.com/finanzen/maerkte/devisen-rohstoffe/kryptowaehrungen-bitcoin-mining-verbraucht-bald-mehr-strom-als-argentinien/20837230.html

42 http://blogs.faz.net/adhoc/2017/04/25/dax-konzerne-ueberwiegend-in-auslaendischer-hand-1387/
http://www.zeit.de/news/2017-04/25/boersen-dax-bleibt-mehrheitlich-in-hand-auslaendischer-investoren-25101205

43 http://www.faz.net/aktuell/finanzen/aktien/dax-fest-in-auslaendischer-hand-viele-investoren-aus-usa-14745762.html

44 http://www.boerse-online.de/nachrichten/aktien/Kaum-zu-glauben-Welche-Unternehmen-seit-ueber-100-Jahren-immer-eine-Dividende-zahlen-1000992475

45 https://de.statista.com/statistik/daten/studie/208474/umfrage/groesste-staatsfonds-weltweit-nach-der-hoehe-des-verwalteten-vermoegens/

46 https://www.boerse.de/wissen/staatsfonds-norwegen/

47 http://www.zeit.de/2018/03/staatsfonds-deutschland-norwegen-ueberschuss

48 http://www.handelsblatt.com/my/finanzen/anlagestrategie/trends/drei-familien-drei-anlagestrategien-so-investieren-die-quandts-und-liechtensteins/13780574.html?ticket=ST-5196549-IbqhZzfQSqWjlXalyNRW-ap4

49 http://www.vvg.co.at/www2016/wp-content/uploads/2017.12.05-Sparplaene_broschuere.pdf

50 https://www.dai.de/files/dai_usercontent/dokumente/studi-
    en/2017-02-14%20DAI%20Aktionaerszahlen%202016%20Web.pdf

51 https://www.destatis.de/DE/ZahlenFakten/Indikatoren/LangeReihen/Lebens-
    unterhaltKonsum/lrlebo3.html

52 https://de.statista.com/statistik/daten/studie/1376/umfrage/anzahl-der-
    erwerbstaetigen-mit-wohnort-in-deutschland/

53 https://www.bpb.de/nachschlagen/datenreport-2016/226220/nettoeinkom-
    men

54 http://www.manager-magazin.de/finanzen/boerse/dividenden-deutsche-
    aktiengesellschaften-zahlen-mehr-als-50-milliarden-a-1203326.html

55 https://www.diw.de/sixcms/detail.php?id=diw_01.c.488174.de